カンタンにすぐ見られます
運動遊びを動画で体感しよう!

この本で紹介している運動遊びには、実際の様子を撮影した動画がついています。お手持ちのスマホやタブレットでかんたんに視聴できます。

視聴方法

1 紙面のなかにあるQRコードにスマホやタブレットをかざします。

- ▶ QRコードは各運動遊びのタイトルの横にあります。
- ▶ 88ページでは運動遊びの各項目の動画をまとめて見ることができます。

2 アプリなどを使ってQRコードを読み取ります。正しく読み取るとURLが表示されます。

3 表示されたURLをクリックするとYouTubeのサイトで運動遊びの動画が自動的にスタートします。

※視聴にあたってのお願い
・運動遊びの様子は、お子様の保護者の方に許可をいただいて撮影しています。プライバシー保護のため、運動遊びの動画及びURLを第三者に提供するなどの行為は絶対におやめください。

はじめに

みなさんは、次の質問にどのように答えますか？

「何のために幼児期に運動遊びをするの？」
「幼児期の運動遊びって、何をすればいいの？」
「どのようにすれば子どもたちは楽しみながら運動の力をつけることができるの？」

本書は上記の問い、すなわち、「幼児期の運動遊びは何のために、何を、どのようにするのか？」について解説したものです。

第1部「遊ぼう！」では、運動遊びの具体的な実践例を紹介しています。身近なものを使った運動遊び、教室で簡単にできる運動遊び、マット・跳び箱・鉄棒の指導方法、親子参観で楽しめる運動遊びなど、さまざまなアイデアが満載。園で25年以上にわたって子どもたちに体育を教えてきた指導のプロが、現場の目線で厳選した遊びばかりです。
第2部「学ぼう！」は理論編。学術研究や社会調査の結果を交えながら、幼児期の子どもたちに運動遊びを展開する際の「心構え」について説明しています。

本書の大きな特徴の一つは、子どもたちが実際に遊んでいる様子を収めた**動画**（はじめのページをご覧ください）がついている点です。映像を活用することで、本だけでは伝わりにくい、子どもたちの動き、言葉、表情、さらには、指導する際の場の設定、道具の配置などといったイメージをもつことができます。

本書は主に次の読者を想定しています。

- 保育者、小学校や特別支援の先生
- 将来先生を目指している学生
- 子どもたちに運動遊びを指導する指導者
- 保護者

　幼児期を中心とした内容ですが、幼児が夢中になる運動遊びのアイデアは、小学生や特別支援の子どもたちにも十分活用できるでしょう。大人でも夢中になって楽しく体を動かすことができるくらいですから。

　また、大学・短大、専門学校で学んでいる学生の方にとっては、映像で子どもの動きのイメージをもちながら学ぶことのできるテキストとして役立つことを期待しています。

　ご家庭においても、「幼児期にどのような運動遊びをすればよいか？」といった考え方に加え、縄跳び、鉄棒の逆上がり、親子遊びなど、遊び方・教え方の参考になるはずです。

　運動遊びのプログラムは、次の3つのポイントを大切にして作成しました。

- 運動が得意な子も苦手な子も、誰もが「できた！」を味わうことができる！
- 楽しみながら自然と、さまざまな動きを身につけることができる！
- 日常の保育の中で、すぐに取り組むことができる！

　昔は大人が特に何もしなくても、日が暮れるまで友達と思い切りからだを動かして遊んでいた子どもたち。しかし、子どもを取り巻く環境は時代とともに変化し、子どもの「遊ぶ時間」、「遊ぶ空間」、「一緒に遊ぶ仲間」といった「3つの間（ま）」を大人が奪ってしまったと言われています。残念ながら、特別な指導が求められる時代になってしまいました。

　このような時代だからこそ、「3つの間（ま）」に、子どもを取り巻く大人の「手間（てま）」を加えた「4つの間（ま）」が必要だと言われています。子どもの保育・教育に携わる大人が、幼児期の運動遊びに関して共通理解をもって取り組み、心身共にたくましい子どもを育むことが重要です。

「すべての子どもたちを運動遊び大好きっ子に！」

　本書がそんな一助になれば幸いです。

著者一同

もくじ

はじめに ……………………………………………………………… 2

第1部 遊ぼう！

1．準備運動 …………………………………………………… 8
ドロンドロンドロン 8　／　動物園へ行こうよ 9　／
グーチョキパーで何つくろう 9　／　幸せなら手をたたこう 10

2．レジ袋 ……………………………………………………… 12
投げて遊ぶ 12　／　くっつけて遊ぶ 12　／　キャッチして遊ぶ 13　／
スポーツ選手 13　／　2人組の遊び 14

3．新聞紙 ……………………………………………………… 16
バサバサキャッチ 16　／　鬼ごっこ 16　／　ちぎって遊ぼう 17　／
引っぱり合いゲーム 17　／　雪合戦 17　／　新聞紙運びゲーム 18　／
こんな遊びも 19

4．ボール ……………………………………………………… 20
怪獣倒し 20　／　トンネル転がし 20　／　カサカサ玉入れ 20　／
グラグラ玉入れ 20　／　円形ドッジボール 21　／　ボール当て 22

5．フープ ……………………………………………………… 24
ドライブ GO！GO！ 24　／　クルマやさんでてんけん！ 25　／
フープサーキット 26　／　ボール投げフープゲット 28

6．バルーン …………………………………………………… 30
バルーントンネル 30　／　みんなで広げよう 30　／　な〜にが落ちた？ 31　／
にらめっこしましょ 31　／　バルーンジャンケン 32　／
バルーンボール遊び 33　／　形づくり『オムライス バージョン』34

7．縄 36
縄タッチ 36 ／ 2人組の縄運動 36 ／ 忍者修行 38 ／ 長縄跳び 39 ／
しっぽ取りゲーム 全員形式 40 ／ しっぽ取りゲーム エンドレス形式 40 ／
イナズマアタック しっぽ取りバージョン 41 ／ なわとびちゃれんじかーど 42

8．鬼遊び 44
へんしん鬼ごっこ 44 ／ あっちかな？こっちかな？ 45 ／
ネコさん何が好き？ 46 ／ 安全地帯鬼 47 ／ お助けばくだん鬼 47

9．リレー 48
2人組の展開 48 ／ 3〜6人組の展開 50 ／ ワープリレー 51 ／
ドン！ジャンケン 51

10．跳び箱 52
サーキット 52 ／ オオカミゲーム 53 ／ 開脚跳び 54

11．マット 56
色々な動きにチャレンジ 56 ／ マット引き競争 57 ／ 宝探し 57 ／
ひっくり返し競争 57 ／ 前転 58 ／ サーキット 59 ／ ブリッジ 59 ／ 後転 60

12．鉄棒 62
鉄棒の基礎感覚を身につける遊び 62 ／ 逆上がり 64 ／ 前回り 67

13．プール 68
リズム体操 68 ／ 流れるプール 69 ／ サーキット 70 ／ バタ足キック 72 ／
サッカー 72 ／ 氷鬼 73

14．親子遊び 74
フープ 74 ／ 新聞紙 76 ／ タオル 78 ／ 親子参観で楽しむことのできるゲーム 80

15．運動能力測定 82
なぜ幼児期に測定をするの？ 82 ／ 運動能力が未発達な子どもに気づく 82 ／
どんな測定をするの？ 83 ／ どのように結果を見るの？ 87

★運動遊びの動画まとめページ 88

第2部 学ぼう！

第1章．幼児期の運動遊びは「何のために」するのか？ … 90
①生涯に渡る運動習慣づくり … 90
1. 大人も子どもも身体活動不足 90
2. 幼児期の運動習慣は将来にも関連する 91
②からだとこころ、そして脳を育む … 92

第2章．幼児期の運動遊びは「何を」するのか？ … 94
①多様な動きを含んだ遊びをしよう … 94
①バランスをとる動き 96　　②移動する動き 97　　③操作する動き 98
④力を出す動き 99

コラム1「幼児には指示は短く！経験を多く！」
「自由遊びに指導の要素を、指導に遊びの要素を！」… 95

②仲間とたくさん外遊びをしよう … 100
1. 1日60分以上は世界のスタンダード 100
2. 遊び場所や人数は運動能力に関係する 101
③家庭でも家族と体を動かす遊びをしよう … 102
1. 家庭での遊びが運動の好き嫌いに影響する 102
2. 降園後や土日の活動量を確保する 102

第3章．幼児期の運動遊びは「どのように」するのか？ … 104
①目指す子どもの姿を共有しよう … 104
②ポイントを意識して計画・実践をしよう … 105
〈計画〉①ねらいを明確にする 105　　②運動が苦手な子どもに配慮する 107
③子どもが夢中になる導入や展開を工夫する 108
④ルールの多い遊びは簡単な遊びに分ける 111
〈実践〉⑤ねらいにせまる支援をするために全体が見える位置に立つ 112
⑥成功体験を増やす 112　⑦積極的になれない子どもにきっかけをつくる 113
⑧子どもを惹きつけるように話す 114

コラム2「指導計画の作成でありがちな不足をチェックしておこう！」… 116

おわりに … 118

著者紹介 … 119

第1部 遊ぼう！

1．準備運動 ……… 8	9．リレー ……… 48
2．レジ袋 ……… 12	10．跳び箱 ……… 52
3．新聞紙 ……… 16	11．マット ……… 56
4．ボール ……… 20	12．鉄棒 ……… 62
5．フープ ……… 24	13．プール ……… 68
6．バルーン ……… 30	14．親子遊び ……… 74
7．縄 ……… 36	15．運動能力測定 ……… 82
8．鬼遊び ……… 44	★運動遊びの動画まとめページ … 88

1 準備運動

みてネ！
子どもの大好きな手遊びや歌を運動遊びにアレンジ！道具なしでもさまざまな動きを十分に経験することができます。
心と体をほぐして「さあ！運動遊びの始まりで〜す♡」

ドロンドロンドロン

動画スタート！

1 ここは忍者屋敷の中だよ。今から忍者にへんし〜ん！外にいるかいじゅうをやっつけてきてね。

棒の前に子どもたちを集めます。
その先にマットを数枚散らして置きます。
怪獣が寝ていると伝えてもいいですね。

2 さあ、ドアがあいたよ。さいしょは、おしりアタック!!

棒が上がれば通れることを理解します。そして、マットのところに走って行きます。

3 たくさんかいじゅうがいるのでどんどんやっつけよう〜

棒が上がっている間に、指示した動きをマット上で行います。

4 つぎはパンチキックアタック！

5 必殺技あしあげアタック！がんばれ〜

6 ドロンドロンドロンいそいで〜とびらが閉まるよ〜

そうすると、早く戻る意識と動きが自然に出ます。

ポイント

棒を降ろすタイミングを年齢や動きに合わせて調節すると、子どもの動きにも変化が見られます。
お店バージョンでシャッターにたとえて「ガラガラガラ…」
ふみきりにたとえて「カンカンカン…」でもOKです。

バリエーション
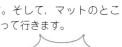
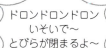
● コーンを置き、指示した色をタッチする。
● 遊具で遊んで戻る（すべり台をすべる、鉄棒にぶら下がる）。
● 友達とジャンケンをする。

＜教室なら＞
先生が手をふみきりにして

カンカンカン！
早く戻って来て〜

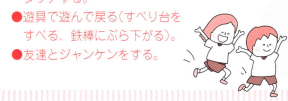

・背中をつけて戻って来る
・手をつないでジャンプで戻って来る

保育の場でも、子どもを集めたい時に「ドロンドロンドロン…」と言ってみよう。
いつもより早く集まってきますよ。

動物園へ行こうよ

♪ どうぶつえんへ行〜こうよ
みんなで行〜こうよ
どうぶつえんは　た〜のしい
さあ ●●●

★ 歌の最後の部分は「さあ 行こう」と言ってから ●●● を指示してもいいです。
時には子どもに聞いてみても！

動物園を遊園地や幼稚園などに置きかえてもいいですね。遊園地なら乗り物の動きにたとえて工夫するのもオススメです。いろいろ考えてみてください！

そして、●●●の時に動物の名前を言ったら模倣運動をします。歌と運動をテンポよくくり返します！

ラッコ（仰向け進み）
カエル（手をついてジャンプ）

モグラ（横転）

フラミンゴ（片足バランス）

ウマ（高這い）

ワニ（うつ伏せ進み）

歌いながら踊りましょう。
いろいろな動きを加えて、振り付けを工夫しましょう（ジャンプ、その場で回る、かけ足、2人組で…など）。

グーチョキパーで何つくろう

♪ グーチョキパーで
グーチョキパーで
何つくろ〜　何つくろ〜
おててが●●で
あ〜しが■■で
▲▲▲さん　▲▲▲さん

① ♪ おててがパーで
あ〜しがグーで
あ〜しあげ〜
あ〜しあげ〜

② ♪ おててがパーで
あ〜しがチョキで
ケンケン
ケンケン

③ ♪ おててがパーで
あ〜しがグーで
ロ〜ケット〜ビューン！
ロ〜ケット〜ビューン！

④ ♪ 右手が1で
左手も1で
オ〜ニ〜さん
オ〜ニ〜さん

まて〜！　キャ〜！

★ 歌のグーチョキパーの部分の動きを、たとえば体ジャンケンの動きをすることでよりダイナミックな運動になります。
子どもたちに経験してほしい動きから「おてて」と「あし」の指示を考えてみてください。

GOING TO THE ZOO
by Tom Paxton
© by BMG RUBY SONGS
Permission granted by FUJIPACIFIC MUSIC INC.
Authorized for sale in Japan only

幸せなら手をたたこう

ペアバージョン

> 誰もが知っているこの歌でいろいろな運動やスキンシップができます。異年齢との交流、親子参観などさまざまな設定でお楽しみください！

♪ こちょこちょしよう

♪ ハグしよう

♪ ジャンプしよう

パン♪ パン♪

幸せなら　手をたたこう
幸せなら　手をたたこう
幸せなら　態度でしめそうよ
ほら2人で　●●しよう

パン♪ パン♪

★「手をたたこう」と「●●」しようの所をいろいろアレンジしましょう。

♪ おんぶしよう

♪ お尻で押そう

♪ 手押し車しよう

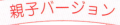

親子バージョン

親子ならこんなこともできますよ！

- トンネルしよう （子ども同士でもOK）
- コロコロしよう （子ども同士でもOK）
- お父さん登りしよう （状況に応じて、お母さんや木登りしように変えましょう。）
- おウマさんしよう

バリエーション

〜ほらみんなで●●しよう

おすもうしよう

先生 持ち上げよう

他にも…
　先生ひっくり返そう♪
　知恵の輪しよう♪
　お昼寝しよう♪
　声出そう♪

 他にもみなさんの知っている手遊び歌はたくさんあると思います。
たとえば、「さいた、さいた」「あたまかたひざポン」「やきいもグーチーパー」「むすんでひらいて」などを少し工夫して、体を使った歌遊びにアレンジしてみましょう。手遊びから体をいっぱい使った運動遊びへ。心と体の準備運動には最適です！

2 レジ袋

みてネ!
レジ袋は身近にあり、遊び道具として魅力のあるものです。教室などの狭い場所でも楽しく遊ぶことができるので雨の日に発散したい時にはサイコーです。子どもたちの歓声がひびきわたりますよ。

投げて遊ぶ

1. さあ今からこの袋を何に変身させようかな？

用意していたレジ袋を一気に出します。

2. くるくる丸めてボールにするよ～

袋を丸めて上に投げる。落とさずキャッチできるかな。

3. 先生が持っている袋に玉入れだよ～

先生は高くしたり低くしたり動かしたりといろいろと動作を変えて、どの子どもにも入る機会を作ることで遊びが持続します。

くっつけて遊ぶ

1. 片手で持ってタコあげ～

2. おなかにつけてエプロンお母さんですよ～

手をはなしてエプロ～ン ♪

バリエーション

● うでにつけて「うでどけい」

● またにはさんで「ジャンプジャンプ」

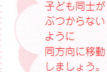

はさんで走るのもおもしろい!!

ポイント

子ども同士がぶつからないように同方向に移動しましょう。

キャッチして遊ぶ

1 バサバサ振るよ〜
2 バサバサから投げるよ〜
3 キャッチできるかな〜

フワフワとゆっくり落ちて来るので「キャッチができた！」と成功体験が何度もできます。

袋を両手で持ち、振ります。
バサバサの音も楽しいです。

バリエーション

- 投げたあとに、おじぎ・頭タッチ・床タッチ・回る等をしてからキャッチをするようにしたら動きに変化が持てます。年齢に応じて工夫しましょう。

スポーツ選手

サッカー
キックキック！シュート

ポイント
★形を自由に変えられる
★ゆっくり落ちる
★ふくらむ
袋の特性を生かした遊びを工夫しましょう。

やり投げ
細くしてエイッ

柔道
両手でせおい投げ〜

バレーボール
何回落とさずにできるかな？

野球
ピッチャーとバッターで対戦だ〜

2人組の遊び

袋1枚バージョン

〈2人でバサバサ振り〉

まずはいっしょに「バサバサ〜」。

〈キャッチ対決〉

せーのっ！

「せ〜の」で袋を上に投げる。
落ちてきたのを先に取れば勝ち。

ポイント
2人の動きを合わせることと
ゲーム性が備わっているので
くり返し行えます。

〈1人が投げてペアがキャッチ〉

電車でスタンバイ。
前の子どもが袋を投げたら…。

走ってキャッチ

後ろの子どもが前に回りキャッチ。

くぐってキャッチ

股下から頭を出してスタンバイ
→股下をくぐりキャッチ。

〈仰向けで進んでキャッチ〉

投げる子どもの股下にキャッチする
子どもが仰向けで用意。

投げたら仰向けの子どもは
足の力で進みキャッチ。

ポイント
はじめは投げる子どもが
合図を出してからでもよいですが、
慣れてきたら、
黙って投げてみましょう。
キャッチする子どもの集中力が
より増すことになります。

〈ドキドキ　ゴロゴロ〉

① いつ落ちてくるかわからないドキドキ感！

② 落ちてきたら、横転ゴロゴロでよける。

キャー！

ポイント
★落とす子どもは頭側に立ちます。
★体を伸ばして高い所から落としましょう。

〈足キャッチ〉

足ではさんでみよう！

〈キャッチボール〉

袋の中にボールを入れるとキャッチしやすくなります。

袋を丸めてキャッチボール
当たっても痛くないからこわくない！
座ってできたら立ってしてみよう。

袋2枚バージョン

2人同時に上に袋を投げて、場所を入れ替わって相手の袋をキャッチ。

バリエーション

● キャッチする前に…。
相手とハイタッチ
床タッチ　手たたき
ジャンプ移動
ケンケン移動
回る　など。

3 新聞紙

新聞紙は狭い場所やちょっとした空き時間にもできます。工夫次第では個人の遊びから集団ゲームに使うことができます。また、異年齢児とも一緒に行える優れものです。

バサバサキャッチ

1 バサバサしてみよう！そしてその後は…

好きなように振りましょう。

2 投げるよ〜エイ！キャッチできたかな？

大きくてゆっくり落ちてくるのでキャッチの楽しさも味わえます。より高く投げることで全身運動にもなります。

3 頭にのせておじぞうさん

子どもの動きを止めたい時に有効です。

鬼ごっこ

1 先生が鬼だよ〜みんなは新聞を足にはさんでジャンプで逃げよう

ジャンプだけでなく、はさんで走ってもいいですよ。これはレジ袋や縄でもできますね！

2 タッチをされたら、この動きをすると復活できるよ

新聞を足にはさんで「5」数えたら復活します。

他の復活方法
- 新聞の上で片足バランス。
- 新聞を下に置いてとびこえ。（踏むとすべりやすいので小さめがオススメ）
その他いろいろ考えてみましょう！！

バリエーション

鬼ごっこの途中に疲れてきたら…

1 おやすみ〜

新聞を布団にして寝ます。

2 おはよう〜今日のニュースは？

おきて新聞を見ます。知っている字を探すと勉強になるかも？

- 年中・年長なら子どもが鬼にもなる。
- 普段している鬼ごっこを新聞を使ってやってみる（氷鬼など）。

ちぎって遊ぼう

長いのは できるかな？
いっぱい ちぎろう～
細く ちぎれるかな？

誰が長いか競争してもおもしろいです。

引っぱり合いゲーム

このゲームはペアを作る動きや勝つための工夫が出て、15分ほどは夢中でできます。

① 2人で対戦！新聞をひっかけて…

ちぎった新聞を使います。2人で向かい合ってかけた新聞を同時に引く。

② せ～の～エイ！ヤッター

引いた時にちぎれなければ勝ち。強くするために細く丸める裏ワザをする子どもも。考えてますね～。

雪合戦

① まずは新聞を丸めて雪玉を作るよ

自由に作ってみましょう。

② みんなで投げよう

いっぱい投げたりキャッチしたりしてみよう。

③ 雪合戦するよ。まんなかからいっぱい当てよう

中央に目印をおき、2チームに分かれて向かい合って対戦します。

バリエーション

番外編　先生雪女をやっつけろ～

力いっぱい投げよう～当たっても痛くないよ

④

ルールは相手のコートに入らないのみ。あとは、たくさん投げて、たくさん当たって、それを楽しむだけでも十分です。

新聞紙運びゲーム

ルール
- 2チーム対抗で行います。
  雪合戦で使った新聞紙（雪玉）をそのまま使います。
- 相手の陣地の雪玉を自陣に運ぶ動きをくり返します。
- 時間内にどちらが多く集めたかを競います。

バリエーション

ルール

例1　中央で相手チームとジャンケン。
　　　勝てば相手の陣地に進んで、雪玉を1コGET。

例2　自陣から1コ持ち、中央で相手チームの1人とジャンケン。
　　　勝てば1コもらう。負けたら1コ渡す。

例1・2のGETした玉を、玉入れカゴに投げ入れる動きを加えてもおもしろいです。

運び方

1人で運ぶ

新聞にのせてパックする。

新聞にくるんで運ぶ。

棒状にして打ちながら進む。

2人で運ぶ

棒状にした2本ではさんで運ぶ。

チーム対抗ではない運びゲーム

1 2人組で協力していろんな箱に入れましょう

2本で運ぶ。両手をつなぎ手にはさんで運ぶなど。

⭐ 低年齢なら新聞を持たずに両手をつなぎはさんで運ぶと簡単です。

箱を動物に、ボールを食べ物に見立ててもおもしろいです

2 おじゃまマンだ〜 まて〜 入れさせないぞ

先生がおじゃまマンとして簡単に入れられないようにコントロールします。

🌙 こんな遊びも

1 ♪お友だちの体に雪をいっぱいのせてかまくら〜

寝転がっている子どもに雪玉(新聞紙)をのせます。踏まないように気をつけましょう。

2 先生がマットを落とすと…

先生がマットを上から勢いよく落とします。重たい時は2人でやったり、違う物で代用したり。

3 もうふぶきだ〜

体にのせた雪玉が飛んでいきおもしろいです。先生は大変ですが…。子どもの笑顔のためにガンバってね！

お片づけも楽しく♪

1 お腹や背中にはさんでお片づけ

片づけも遊び感覚でしてみましょう。「新聞棒を使ってブルドーザー！」など、いろんな運び方ができそうですね。

2 袋に入れたら色をぬるよ

袋に入れたら、それに色をぬったり、絵を描いたりしてみましょう。

3 ♪カラフル雪ダルマのかんせ〜い

4 ボール

> みてネ！
> ボールにはたくさんの遊びがあります。本来子どもは大好きな運動ですが、保育現場では得意、不得意の差が出てしまいがち。まずはそうならないように、一人一人が多く触れる機会を作り出すことが重要です。

怪獣倒し

年少の初めてのボール遊びに最適です。

ボールビーム

ボールを投げて怪獣（コーン）を倒します。これを人数に応じて何か所か設置します。

バリエーション

怪獣倒しの展開
- マットの上からボールを投げて怪獣を倒します。
- ボールを取りにいく時は移動してよいルールです。
- ボールを1人1個よりもたくさん出しておきます。

> より投げる動きがでてきます。マットは目印となる違うものでも代用できます。

> 最後は先生かいじゅう登場！！たおせ〜

トンネル転がし

トンネル役と転がし役に分かれます。
1つくぐったら、他の所にもくぐらせましょう。

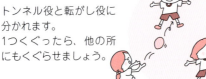

> 転がす、キックする、動きが楽しく身につきます

> トンネルの作り方を工夫しましょう。（子どもと考えてもおもしろいです）

アイデア玉入れ

カサカサ玉入れ

透明のカサを使えば入ったかどうかわかりやすいです！！

> 雨がふってきた〜

こうするとくり返し行う楽しさがあります。

グラグラ玉入れ

> カゴを落とさないようにフワッと投げるぞ

段ボールを重ねた上にカゴをのせます。すべて固定されていなくて、強くボールを当てると倒れてしまうので、高く投げる意識、動きが出ます。

円形ドッジボール

定番ドッジボールの変化バージョン。年長児におすすめ

ルール
- 3チーム対抗です。
- ボールは3〜5個（柔らかいボールを使いましょう）
- 外野から内野、内野同士で当て合います。
- 外野はどこからでも投げることができます。
- バウンドや転がっているボールに当たってもアウトです。

定番のドッジボールでは、得意、不得意の差が出て、動きの差があります。でも、このルールなら運動量がとれ、ボールとチーム数も多いので集中してゲームができます。

ボール遊びの指導のポイント

● 静かにボールを持ってこさせたい時は…

「これは卵だから落とさないで持ってきて〜」

こんなふうに説明すると「落とさない！静かに」と声をかけないですみます。

● 運動をスタートさせる時は…

「チチンプイプイ ボールになれ〜 ●●をしてみよう」

● 運動と話を聞く時を上手に切り替えたい時は…

「チチンプイプイ 卵になれ〜」

● 2人にボールが1個しかない時は…

「1、2、3…」 よりも 「ブタの丸焼き」

待っている時間に違う運動をして来ます。戻って来たらボールと交代。

ボール当て

ボールを当て合うゲームです。
年少は投げ合うだけで十分に楽しめます。

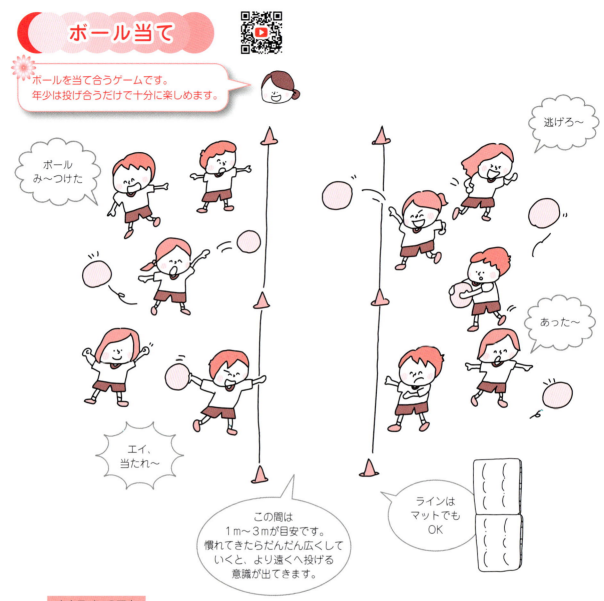

ボールみ〜つけた

逃げろ〜

あった〜

エイ、当たれ〜

この間は1m〜3mが目安です。慣れてきたらだんだん広くしていくと、より遠くへ投げる意識が出てきます。

ラインはマットでもOK

中央ラインの工夫

中央ラインはコーンにゴムを結んでつけると、高さがあり遠くに投げる意識が持てます。
また、ゴムなのでラインの位置の自由度があります。

ルール

- たくさんボールを用意して投げ合います。
- 当たってもそのまま続けます。
- 個々の投げる、取る回数を増やすねらいのため、チームの勝敗はなしです。
- ラインとラインの間には入れません。間に入ったボールは先生が戻します。

⭐ よりボールが苦手な子どもがたくさんボールに触れられる3つの工夫！

① 投げた子どもは違う運動をしてこよう！

<平均台> 　　<園庭の遊具> 　　<ボールドリブル>

上の運動をしてきたら、ボールゲームに復活！

② 当てたら1点を取りチームのカゴに入れよう！　（得点例：ドミノ、カプラ、小ボールなど）

・カゴを置く位置を遠くにすると、戻るまでの間に他の子どもの投げるチャンスが増えます。

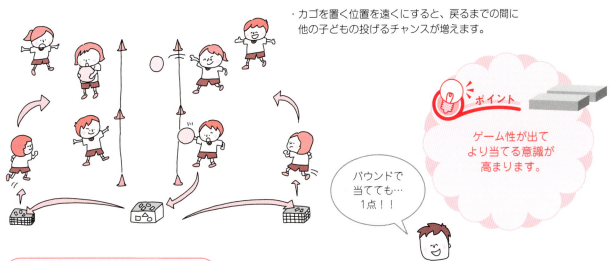

ポイント

ゲーム性が出てより当てる意識が高まります。

バウンドで当てても…1点！！

③ 3人組で中当てしよう！

ルールはかんたん！

ルール

- 当てたら中と交代。
- 3人だからこそ、投げる、取るの経験が多くなります。
- 中で取ったら、どちらに返してもOK。
- 先ほどのゴムラインをそのまま使うこともできます。
- となりのグループとの仕切りの必要ナシです。

5 フープ

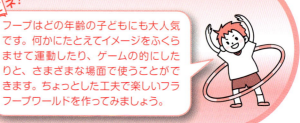

みてネ！
フープはどの年齢の子どもにも大人気です。何かにたとえてイメージをふくらませて運動したり、ゲームの的にしたりと、さまざまな場面で使うことができます。ちょっとした工夫で楽しいフラフープワールドを作ってみましょう。

ドライブ GO！GO！

フープをハンドルにして運転手！ぶつからないで安全運転ができるかな？

1

速く走る時は「高速道路」といえば自然に速く走り出します。

フープを子どもに渡す時転がしてあげると楽しいよ♥

先生の合図で他のクルマとくっついて窓を開けたら「こんにちは～」

2
こんにちは

「さようなら～」でまた動き出します。
「しゅっぱつ～」

他のクルマとくっついた時のバリエーション

●トンネルくぐり

交代して順番にくぐるよ～。

●引っ張り合い

交互に1，2，1，2…
引っ張りずもうもいいよ！

●ジャンプ進み

ひとりがフープを動かして、その中をジャンプで移動。

グーパー
グーパー

2個のフープでも
いろいろなジャンプの仕方が
工夫できますよ！

ケンパー
ケンパー

 ポイント

簡単な模倣遊びの中に
ペアでの動きを取り入れて
コミュニケーションをとったり、
工夫する力を養います。

くぐる、引っ張る、ジャンプなど
フープの特性を活かした遊びを
工夫しましょう。

クルマやさんでてんけん！

ポイント
フープを目印にして使うことで、低年齢でもわかりやすく行えます。
さまざまな場面で活用できるよ！

1　たくさんクルマに乗ったので、こわれていないか点検しよう

フープの中に手をついて回る。膝をつかないでがんばろう。

2　クルマの周りを見てみよう〜

フープの中に足をついて回る。腕の力を多く使います。

3　ネジがゆるんでいたよ。たくさん回そう！

体のまわりを手を使って回してみます。

4　こんなネジもあったよ！

体の前でフープを片手で持ち、当たらないように回します。転がしてみてもいいですよ。

5　年中・年長児ならこんなことにも挑戦してみよう

フープで前回しとびをしてみましょう。

6　クルマの下はどうかな？

手でフープを持ち足をかけたらバランス！

7　最後にガソリンを入れるよ

足先にフープをかけて上げよう。

8　点検終了〜！さあ次はどこへ行こうかな？ゆうえんち？出発〜

子どものようすや反応を見てドライブからくり返してもいいですよ。

フープサーキット

走る、投げる、くぐる、回す、バランスをとるなど多様な動きをくり返し楽しくできます。

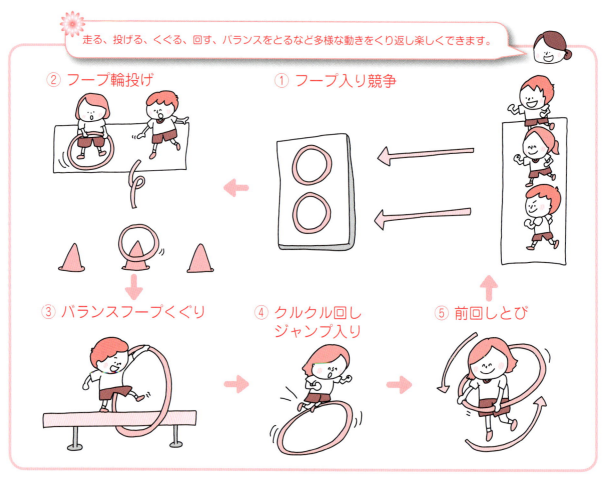

① フープ入り競争

先生が笛を吹くタイミングは全体の流れを見て調整します。また、フープの数や走る人数も全体数で調整して、なるべく待ち時間をなくします。

⭐ 何度も入れない子どもには、やる気が薄れないように、数を調整したり配慮をします。まずは確実に入れる状況（子どもと同数のフープ）を作ってあげてもいいですね。

② フープ輪投げ

エイッ！

投げ方は自由。年齢に応じて、コーンまでの距離を調整します。投げたあとはマットに戻しますが、その時に次の子どもが投げて当たらないように気をつけましょう。

③ バランスフープくぐり

平均台にフープを通します。フープの所まで平均台を渡り、自分でフープを持ち、そのまま落ちないようにくぐりぬけます。

よいしょ よいしょ

こんな工夫も！
マットにフープを通して
「マットトンネル」

④ クルクル回し

片手でフープを回します。
回転が弱くなってきたらタイミングをとり、ジャンプで入ります。

年齢によって、回転が強い時に高くジャンプをして入るなど、動きや意識の変化を持たせてみましょう。

⑤ 前回しとび

手は肩幅で持ち
まずは1回ずつゆっくりします。

1回できたら連続に
挑戦してみましょう。

ボール投げフープゲット

スペース(教室、園庭、ホール)や人数、投げる力に応じて、フープの数、ボールの種類、グループの数を調整しましょう。

導入①　1チーム3〜4人組を作ってならばせる。

先生がフープをならべる時間を利用して、簡単な遊びをやってみよう

たとえば、「フープわたし遊び」など

フープをはしまでわたせたら、戻してみよう

その間に先生はフープの準備完了！

導入②「くぐる！」

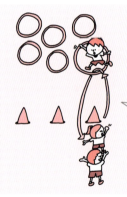

フープの特性を活かしたリレー遊びを行い、リレーの方法を理解させます。

フープをくぐったら次のお友だちにタッチ！

バリエーション

他のチームの子どもと2人でくぐる。自分から友達を見つけられるかな？

「色！」

フープの色を利用して、リレー遊びをすることもできます。先生が指示するだけでなく、慣れてきたら子どもたちに指示させてもいいですね。

赤！

ポイント

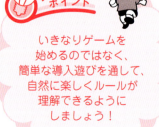

いきなりゲームを始めるのではなく、簡単な導入遊びを通して、自然に楽しくルールが理解できるようにしましょう！

ゲーム

コーンやマットで投げる位置を明確にします。位置は年齢や経験を考慮して調整しましょう。

ルール
- ボールを投げてフープに入ったらフープをゲットできます。
- ゲットしたフープは自分のチームに持って帰ります。
  ボールを次の人に渡して交代。

ポイント

①「フープをゲットできた！」という経験を、全員が味わうことができます。

②投げる力をつけられます。
「ねらって投げる」
→あえてフープの的は少なく。
「遠くへ投げる」
→フープまでの距離を遠目に。
　★狭い場所ならば、思いきり投げても飛びにくいものに。
　例）新聞紙ボール、プラスチックボール、紙飛行機、フリスビー。

★ フープの数が足りなくても、たとえば新聞紙で輪を作るなど工夫することができます。

バリエーション

●投げ方を工夫！

〈後ろ向き〉　　〈トンネルのぞいて〉　　〈ける〉

29

6 バルーン

みてネ！
バルーンを運動会前にだけ使っている！？そんなもったいないことをしていませんか？形を作るだけがバルーン遊びではありません。ボールゲーム、サーキット運動、ジャンケンと日頃の活動にも大活躍です。子どもは楽しい！先生もうれしい！！

バルーントンネル

先生が2人でバルーンの両端を持ち、子どもたちの方に移動しながらトンネルを作ります。子どもはその下を走る、這う、両足とび、ウマなど多様な動きを行います。視覚的にも楽しく、子どもは夢中になりますよ。

1 くぐって向こうまで行ってね〜

2 今度はおしりの高いおウマさん！

先生がバルーンの3分の1の辺を持つと、子どものくぐる距離が長くなります。

バリエーション

こんなトンネルもあるよ！！

地べたに置いてぐちゃぐちゃのトンネルを作ります。くぐる子どもは前も見えにくく迷路のような楽しさがあります！

ここにバルーン！ サーキットも！

バルーンを重たいものにくくり、サーキット運動の一部にしてもいいですよ。

みんなで広げよう

先生が広げたバルーンの上に両足を開いて立つ。そして、クルクル回り、足にバルーンを巻きつけます。

1 さあ広げよ〜

2 ここからはコマ回しバージョンです！

3 それを子どもが引っ張ると…。

4 先生がクルクルコマに変身！

勢いがつくので転ばないように注意しましょう。

バルーンを中央に置き、子どもたちが自由に広げる。うまく丸い形になるかな…。

数をかぞえて競走にしてもおもしろいよ！

な〜にが落ちた？

バルーンを広げて下に置きます。その周りを、走る、ウマ、ケンケンなどいろいろな運動をしながら移動します。（その時にバルーンを踏まないように気をつけましょう）そして、先生が「くだもの」「カミナリ」「大雨」のいずれかを言ったら、子どもは下記の動作をします。バルーンの周りを移動する時は「落〜ちた落ちた な〜にが落ちた」と言いながらしてもおもしろいです。

ここはくだものの部分です。バルーンの色に合わせて、くだものを変えましょう。

レモン〜

カミナリ

大雨

両手をバルーンの下に隠します。

寝転がり足とお腹を隠します。

体全部を隠します。

バリエーション

いろいろなアレンジを加えてみてください。
- 「トンネル〜！」
  バルーンの下をくぐって他の場所に行く。
- 「げんこつ！」
  頭だけ隠す。

にらめっこしましょ

♪にらめっこしましょ 笑うと負けよ アップップ〜

♪にらめっこしましょ 笑うと負けよ〜

1 歌いながらリズムに合わせて振ります。

2 ♪アップップ〜の最後のプ〜でバンザイ！

3 みんなでおもしろい顔！！でも笑ったらダメよ〜。

バルーンジャンケン

1. みんなでバンザイ。バルーンを上げたら手を離して中に入ってね

バルーンを地面に置いた状態から始めてもおもしろいです。

2. 中に入ったら誰かとジャンケン。勝ったら外に出よう。負けたら違うお友達としよう

先生2名は対角線上でバルーンを持っておきます。

3. 勝った人から外でバタバタするよ。早く出てくるのは誰かな〜

勝つまで外に出られないので、早く相手を探すコミュニケーション能力が身につきます。勝った子どももバタバタできるので、待ち時間なし!!

バリエーション

番外編　バルーンクイズ！これなぁ〜んだ？

1. さあ今からバルーンの上に何かをのせるよ

みんなでふくらませて、中に入る。先生は外に出て…

2. ジャジャーン これなぁ〜んだ

3. くつ？ ボール？ なわ？

4. 最後はこれだ〜！

まさかマットが来るとは思ってもいない子どもたちはびっくり！（※十分注意して中央に投げましょう）

バルーンボール遊び

1 「ボールをのせてパタパタしよう。飛ぶかな？」

はじめからたくさんのボールをのせると重たくて飛びません。少しずつのせて調整しましょう。「ポップコーン」にたとえてもいいですね。

2 途中でバルーンを持ち上げて…

次に行うボール投げゲームのチーム分けをします。先生が対面で持っていれば、そこで人数も半数になり、手間も省けます。そして散らばったボールを使って…

ボール投げっこ

1 「ボールをひろってたくさん相手の方に投げよう」

一度に2個持って投げてもいいです。どんどん投げることが一番です。

2 「バルーンが高くなったよ。しっかり投げよう」

先生がバルーンを高く上げると、自然に上に投げる力がつきます。

途中で大きいボールも使い、大小さまざまなボールで投力を高めます。

キック＆スロー

1 「バルーンが上がったよ！今だ〜キック！」

バルーンを上げた時は、ボールをキックして下を通します。

2 「バルーンが下がったよ。今だ〜投げろ〜」

バルーンを下げた時は、ボールを投げて上を通します。

上げ下げのくり返しを先生が早くしたり、効果音をつけたりすると、子どものテンションもあがり、より楽しい雰囲気になります。

形づくり『オムライス　バージョン』

バルーンの形作りをオムライス作りにたとえて行います。
こうするとよりイメージがふくらみ指示が少なくなります。

1 今日はみんなでオムライス作り。まずはフライパンを洗うよ

横振り

2 下も洗えているか見てみよう

バンザイ

3 フライパンを乾かそう

上下振り

4 次は食洗機で乾かそう

片手で持って回ります。

5 そしたらいよいよ火をつけるよ🔥

バンザイから中に入ります。

6 さあみんな火をつけて～♪

先生は外でバルーンを持ち、子どもは中でジャンプ！

7 そしたら材料を炒（いた）めるよ

ボールを乗せます。

みどりは…グリンピース
きいろは…コーン
あかいろは…

8 ボールの色で子どもに好きな物をイメージさせてみましょう

ジュージュー

上下に振り、ボールを飛ばします。

ここまでの動きは子どもも集中しやすく、体を使って思い切り楽しめるので、くり返ししてみてもいいですよ。

⑨ 先生はキノコが大好き。オムライスに入れたいんだけどどこに取りに行けばいいかな？

やま〜

山を作り、周りを押さえます。
※この時に材料のボールは落ちてしまいますが、ひろわずにそのまま続けてみましょう。

⑩ この山は雪が積もって滑りやすいよ！手をついて登ろう

バルーンの上は滑りやすいのでハイハイで進みます。

⑪ あったよ、こんなキノコ！

あったかな〜？

何度か山を作り、最後にボールを投げ入れます。
"キノコ発見"

⑫ 次は卵でくるむ用意をするよ〜

バンザイから前に歩きふくらませます。
★ 子どもが大好きな動きなので何度もくり返しましょう。

⑬ そしたらいよいよチキンライスを卵でくるむよ〜

バンザイから、その場で中に入り、お尻でバルーンを押さえます。

⑭ ライスがはみ出さないように、しっかりお尻で押さえてネ〜

お尻で押さえ、股の間からバルーンを持ちます。

中に入ったら…
・**大盛りオムライスの作り方♡**
　押さえたバルーンを持ち、お尻をつけたままみんなで中央によると中がふくらみます。
・**小さめオムライスの作り方♡**
　大盛りを作った後、今度はみんなで後ろに下がると小さくなります。
「弟・妹用も完成！」

♡ オムライス完成 ♡
　中に入った子どもたちは、バルーンをゆっくりと離して、中央に座ったまま集まります。そして、先生は外に出て、バルーンを少しだけ引いて抵抗がないのを確認してから、一気に引っ張ります…。

いただきま〜す

バルーンを振ったり、ふくらませたり、出入りしたりといった動きが楽しくできるような、いろんなストーリーを考えてみましょう。
たとえば、「花見に行く」「海に行く」など…。

7 縄

みてネ！
「今からみんなで前回し跳びをしよう」というと、子どもの反応はどうですか？きっと跳べる子どもはやる気マンマン。でもできない子どもは…。そんな悩みを解消するには、「跳ぶ」ことにこだわらず、いろいろな遊びを取り入れること！そうすれば、みんなが縄に興味をもち、積極的に取り組むようになります。

🌙 縄タッチ

「縄を手でタッチしたら戻ってきてね～」

「いろんなタッチがあるよ！」

足で

お尻で / おへそで / おいもゴロゴロで / 上に投げてキャッチ

縄を全体に散らして、置く数は人数の半数～3分の2ほど。

 たとえば、「モグラたたき」のイメージを使うなど、子どもがやりたくなるような設定を工夫しましょう。2人組でやってもおもしろいです。

🌙 2人組の縄運動

「2人で手をつないで縄の所に座ろう」

「移動方法もいろいろ！」「引っ越し！」といえば下の運動で移動します。

手押し車 / 手つなぎジャンプ / 電車

ポイント

縄の使い方を工夫して多様な動きを引き出しましょう。移動の方法を工夫することで、動きのバリエーションが広がります。

縄を目印にして2人組で座ります。ペア探しゲームにしてもいいです。

「2人で乗れるかな～？」

縄上に2人で立ちます。

「縄を足にはさんで取られないようにクルクル～」

1人が座って足先に縄を挟みます。もう1人がそれを取るゲームです。

「背中合わせになって股下に縄を置くよ」

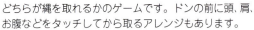

「よーいドン！どっちが縄を取れたかな？」

どちらが縄を取れるかのゲームです。ドンの前に頭、肩、お腹などをタッチしてから取るアレンジもあります。

縄を使った手遊び運動

♪トントントン ひげじいさん

トントントン ひげじいさん

あごに挟んで歩く、走る。

おとのさま

頭にのせて歩く、走る。集合時にのせて集まらせると自然に集中します。

めがねさん

先生の方を向かせたい時に。

 他には、うさぎ → 足に挟んでジャンプ　ペンギン → 股に挟んで内股走り　てんぐさん → 鼻のところで縄をのばすなど。

しっぽ取りずもう　2人組

1 しっぽ取りずもうをします。手をつないで…

同じ側の手をつなぐようにします。そうするとクルクル回りません。

2 はっけよ～いのこった～

手をつないだまま相手のしっぽを取ります。いろいろな友達としてみましょう。

ポイント
しっぽの付け方
ズボンの腰の部分に持つ所を入れると、入れる部分が明確になるとともに落ちにくいです。後ろが難しければ横でもOKです。

縄結びの指導方法

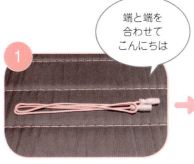
1 端と端を合わせてこんにちは

4分の1もしくは半分にします。

2 丸いお家を作ります。カギをしっかりかけましょう

縄先を上からクロスさせます。

3 お友だちをドアから入れてあげましょう

輪の部分を持ち上げ先を通します。

4 お友だちが入ったらカギをしめてできあがり～

両端を引っ張れば完成。

 1回教えただけでは難しいので、少し時間をとってできなければ先生が結んであげてください。
毎回、少しずつでも自分で挑戦する時間をとっていくと、だんだんとできるようになるでしょう。

忍者修行

1

海に来たよ～
波だ～はやい波、
ちいさい波

縄をほどき2人で縦や横に振ってみよう。
自由にできる楽しさがあります。

2

今度はおおきい波、
グルグル波だ～

左の動きよりも、より2人で合わせることが
必要です。1本で回せたら、2本で回すのも
おもしろいよ。

〈2本跳びこえ〉

ルール
- ①波の運動後は、「忍者修行」を行います。
  まず、先生が縄を持つペアと走る子どもを分けます。
- ②走る子どもは自分の縄を端に置きます。
- ③縄をもつペアは上記のさまざまな持ち方を
  先生の指示で行います。
- ④走る子どもは、いろんな縄の所で、ジャンプ、くぐる、
  側転をしながら移動します。

バリエーション

●持ち方&動きのアレンジ

〈くぐる〉

2本の縄に触れないようにくぐります。

〈側転導入〉

下に両手をついて縄を踏まないように横跳びをします。

〈くもの巣くぐり〉

縄をクロスにするとより難しくなり、ドキドキ感が増します。

〈側転〉

クロスにするとより高く足が上がり側転に近づきます。

ポイント
★他にもワニやウマなどいろいろな動きにアレンジできます。

★途中で運動をする子どもと縄を持つ子どもが交代します。そうすることで、休憩にもなるので、くり返し行うことができます。

人数が少なかったり、一斉にしたい時は、縄を地面に置いてもいいですよ。全員でそれを自由にジャンプしたり、手をついて跳び箱のように跳んだりしてもおもしろいです。

長縄跳び

さあ波が来るよ〜

ちいさい波〜ジャンプ

おおきい波しゃがんで〜

一度に跳ぶ人数を少なくする方が、引っかかりにくくなり、動きの習得が高まります。

ならぶ時には前につまると縄の動きが見えないので間隔を2mほどあけます。目印としてラインを書いてもいいですよ。

縄をピンと張りゆっくりと頭上から足へ回して跳ぶことで、大縄の動きにつながります。

バリエーション

〈3人で長縄跳び〉

いっせ〜の〜で〜

年長児なら子ども同士でもできます。

子どもたちだけでもこんなにできるようになりますよ！

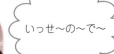 ポイント

★回し役の距離は縄が下につくようにします。

★3人が声を出しタイミングを合わせることが大切です。

★跳ぶ子どもは回し役の手を見るとタイミングをつかみやすいです。

しっぽ取りゲーム　全員形式

しっぽを取った子は先生のところに持って来てね！取られた子も先生のところにきたらもうひとつあげるよ！

しっぽを取られた子どもには、新たに渡すことで続けてゲームに参加することができます。

 先生はしっぽを取った子どものがんばりを認めることもできるし、取られた子どもの気持ちやがんばりを認めてしっぽを渡して復活させることもできます。

しっぽ取りゲーム　エンドレス形式

交代するのは取った時か取られた時だよ〜

いくぞ〜

後ろを向いてるよ！チャンス！

ルール

① 1チーム4名ほどで6チームくらいに分けます。
② 各チームのところにフープを置き、その中に人数プラス2個ほどの縄を入れます（たくさんあるほうが、なくならずに持続できます）。
③ チームで1人ずつしっぽ取りをする順番を決めます。
④ スタートの合図で1番目の子どもが出て取り合います。
⑤ 他の子どものしっぽを取った時と自分のしっぽを取られた時は、自陣に戻り次の子どもと交代します。
⑥ これをくり返し行い、最終的にチームの縄の数が多いと勝ちとなります。

 ルールを覚えるために
初めは1番目のみ、2番目のみ、3、4…と同じ順番の子どものみで取り合います。その時に、「取った・取られた時に戻る」ことを理解します。それを全員が経験したら⑤の交代方法を取り入れて行えばわかりやすくなります。

    ポイント

★コートの広さによりチーム数を増減して取り合う時の安全面を配慮します。
（ただし、1チームの人数が多いと待機時間が長くなるのでバランスを考えます）

★1人の子どもが交代できずに長い場合は合図で「全員交代」として次々と展開させてもよいです。

イナズマアタック しっぽ取りバージョン

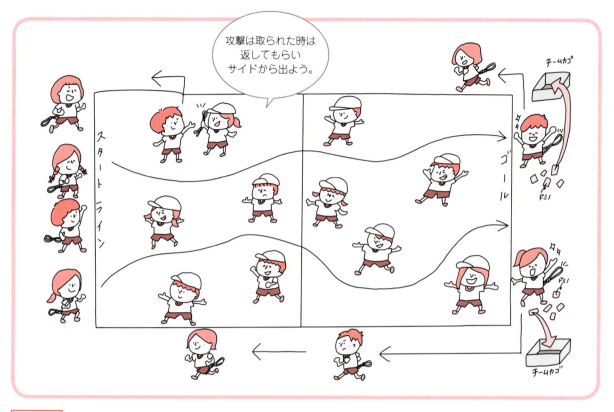

ルール

①2チーム（攻撃と守り）に帽子などで色分け。
（ラインはマーカーコーンでも代用可）
②攻撃はしっぽをつける。スタートラインからゴールまでそのしっぽを取られずに進めたら1点！（ドミノなどを得点用として、自チームのカゴに入れます）。しっぽを取られた場合は、しっぽを返してもらいサイドラインから出て、スタートに戻りくり返します。
③守りはコートを半分に区切り、前と後ろで守り場所を決めます（その中は自由に動ける）。そして、攻撃側が侵入してきたら、その子どものしっぽを取ります。取った場合はすぐに相手に返します。
④時間制で攻守を交代してゴールまで進めた点数を競います。

 ルールを覚えるために
はじめは、守りはしっぽを取らずに立つのみです。攻撃はその間をすり抜けゴールまで進み、1点ゲットしてサイドラインから戻ります。この動線を理解したら③、④の方法を取り入れると、わかりやすくなります。

  ポイント

★最初は先生が守りを行うなど、シンプルなルールのゲームから、少しずつルールを加えていきましょう。

★個々のペースでできるので運動が持続しやすい遊び方です。

★状況に応じたスペースへの走り出しの判断や走るスピード・ステップの変化が自然に出やすく敏捷性が身につきます。

なわとびちゃれんじかーど　なまえ＿＿＿＿＿＿＿＿＿＿＿＿＿＿＿

	なわとび ちゃれんじゃー	なわとび まん	なわとび ひーろー	なわとび ちゃんぴおん	なわとび めいじん
1. へび	ききて ○	はんたいのて ○			
2. はしりへび	ききて ○	はんたいのて ○			
3. まんとはしり　まんとは、みみのよこ	3びょう ○				
4. なわとおし　なわをはんぶんのはんぶんにおってもつなわをまたいでうしろからあたまのうえに	1かい ○	3かい ○	5かい ○		
5. まえじゃんぷ　りょうあしぴたっ！いってもどって1かい		1かい ○	3かい ○	5かい ○	
6. れんぞくじゃんぷ　てはからだのよこまるからでない		3かい ○	5かい ○	10かい ○	
7. なわもちじゃんぷ　まえ、うしろで1かい		1かい ○	3かい ○	5かい ○	
8. まんと→えいっ→ぴょん→まんと			1かい ○	3かい ○　5かい ○	
9. まんとはしり（あるき）ぴょん			1かい ○	3かい ○　5かい ○	
10. れんぞくまえまわしとび				2かい ○	5かい ○　10かい ○

〈なわとびちゃれんじかーどの説明〉

・「なわとびまん」は年少でも達成可能なレベルです。
・「れんぞくまえまわしとび」は、完全な「1回旋、1跳躍」でなくても、一連の動きになっていれば「1回旋、2跳躍」でもよいです。また、まわして跳んだあとに少し間があってもよいです。
・コピーして使ってみてください。

2. はしりへび

先生が鬼になって、縄ふみ鬼！

6. れんぞくじゃんぷ

おーちたおちた、なーにがおちた…。

かみなり！

ジャンプしながらまわります。　　「かみなり」の合図があったら中に入ります。

子どもはジャンプする時に手を振り上げようとします。これは自然な動きです。縄跳びは手を下げながら跳ぶという不自然な動きをするので難しい！手を下げながらジャンプする動きをつかみます。

9. まんとはしり（あるき）ぴょん

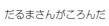

鬼ごっこ　　　　　だるまさんがころんだ

だーるまさんが…ころんだ！

10. れんぞくまえまわしとび

縄に新聞紙を巻くと回しやすくて跳びやすいです。

縄がからみにくく、跳ぶところが明確になります！

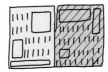

半分に切って巻きます。　　　セロテープでとめます。

8 鬼遊び

みてネ！
追いかけたり逃げたりする鬼遊びをひと工夫。年齢に合わせて、多様な動きやコミュニケーション力も刺激する展開に発展させてみましょう。

へんしん鬼ごっこ

〈導入〉

1. 先生が「引っ越し！」と言ったら、ちがうおうちに引っ越しします。

マットの代わりに縄を円にしてもいいですよ。

移動を理解したら…

2. 先生が言ったものにへんしんして引っ越すよ

多様な動きを経験させましょう

たとえば
● おいも ● ウサギ ● ワニ ● ウマ など

〈鬼遊びに発展〉

1. 今度はオオカミがみんなをつかまえるぞ〜
2. つかまえた！
3. いただきまーす むしゃむしゃ！

オオカミは移動中の子どもをつかまえます。
年少では先生がオオカミ役を、年中以降はつかまえた子にオオカミ役をやってもらってもいいです。
慣れてきたらオオカミ役を増やしてみましょう。

バリエーション

● 2人ペアで行う

でんしゃ　ひこうき

おなかぴったんこ

サイコロ　カード

サイコロやカードにペアで変身するものを書いておき、出たもので移動させたり、先生が変身するものを言ったりして、鬼遊びにしてもいいです。

● 場の設定を工夫

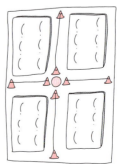

コーンにゴムをつけて区切ると、安全にその上を越えたり下をくぐる動きができます。

あっちかな？こっちかな？

せーのっ！

♪あっちか こっちか どっちかな〜♪

こっち！

ルール

- ペアで追いかけ合いをする遊びです。
- 子どもたちのかけ声に続いて、先生は逃げる方向を指示します。
- 先生が指示した方向のライン（かべ）まで、ペアにタッチされずに逃げ切れたら勝ちです。

★ ペアにするのではなく、2チームに分けるだけでもできます。その方が人数は同じでなくてもよく、低年齢でもわかりやすいので自由度が高まります。

バリエーション

● 上と下の指示に対する動きを加える。

上 ジャンプ！ジャンプ！

下 床タッチ

● 逃げる動きを工夫する。

ウマ 高這いで

おいも 横転がりで

腕支持感覚、回転感覚を含んだ動きなど、多様な動きを経験できるように工夫しましょう。

つかまえた！！

ペアで行う

タッチされたら、次は相手チームになるよ！

まて〜

ペアで行うとコミュニケーション力も養うことができます。

● つかまえたら仲間が増えます。

● 先生はチームの人数を見て、つかまえる（逃げる）方向の指示を調整します。

ネコさん何が好き？

1. 🎵 ネコさん ネコさん 何が好き？ 🎵

子どもは「ネコさん…」と言いながらリズムよく前に歩いて進みます。

2. あ〜よかった。 リンゴ

- 先生がネコ役。子どもがネズミ役。
- 先生が「ネズミ」と言った時は子どもはお家(陣地)に逃げます。

先生が「ネズミ」以外の言葉を言ったら逃げずに「あ〜よかった」これを数回くり返し先生に近づいていきます。

3. ネズミ！ キャ〜逃げろ〜

先生が「ネズミ」と言ったらお家(陣地)に逃げる。途中でタッチされたらアウト。

ポイント

- 「ネ」のつく言葉、ねんど、ネクタイ、ネックレスなどを言うと子どもの動きや反応におもしろさが増します。
- 部屋でするなら、逃げる場所をマットや壁にもできます。
- 言葉の言い方、強弱に変化をつけると、より集中して行えます。
- 年齢によっては、つかまった子どもが鬼になれば子ども同士でもできます。

バリエーション

1. 🎵 ネコさんネコさん 何色ですか？ 🎵
2. キャー あか色

言われた色をタッチして逃げます。
園庭で行えば、より広い範囲で運動量もとれます。

"プールでも"

プールでする時は水をかけたりして追いかけます。

安全地帯鬼

定番の鬼ごっこに安全地帯（5つ数える間はタッチされない）を設けることで…

- 安全地帯を置いた辺りで活動が展開されます。
- 逃げる範囲を指定しなくてもよいです。
- 休憩がとれるので長時間持続できます。
- 走ることが苦手な子どもでもつかまりにくいので楽しめます。

バリエーション

- 鬼の数を増やします。
- ペアで手をつないで逃げます。
- 安全地帯の物は、縄でくくった円、フープ、ラインなどで代用できます。

お助けばくだん鬼

ボール遊びも兼ねています。鬼やボールの数を増やすことで、投げる、よける動きも多く経験できます。やわらかいボールを使いましょう（新聞紙ボールも可）

ばくだんに当たったら病院に行くよ！

ボール（ばくだん）が当たったらマット（病院）の上に行きます。

タッチ！

ボールに当たっていない人がタッチしたら助けることができます。

病院に残っている人がいたら鬼の勝ちです。がんばれ～

子どもが鬼をする時はビブスを着たり、帽子の色を変えたりしてわかりやすくします。

9 リレー

走る運動が苦手な子どもが全力で走ったり、勝つことができる。そういう経験が多くできるリレーであれば、どんな子どもでも楽しめます。走る力はどんどん高まり、元気に走り回る子どもが増えますよ！！

2人組の展開

1
マーカーの周りを走ったり、ケンケン、スキップで移動。

2

先生の合図でマーカーに2人組になります。数回行い、そのつどペアを交代することで探す動きが身につきます。

3

ペアの1人が1周走ります。戻ってきたらタッチで交代します。

ポイント
★このようにするとトラックの線を描かなくても、人が目印となりコースが明確になります。

●1周走ってペアの股下をくぐり、中央の先生にタッチして戻ります。
「這う」「くぐる」動きを経験させることができます。

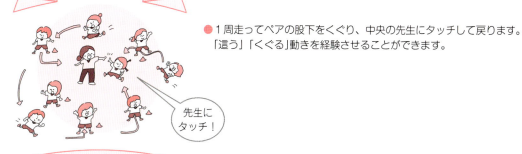

先生に
タッチ！

●走ったあと、股下をくぐり中央で相手を探してジャンケンをします。
勝てばペアと交代。負けたら他の子どもとジャンケンをします。
（最後に1人残ってしまうため配慮が必要）

ジャンケンぽん！

●はじめに玉入れカゴの周りに
ボールを散らしておきます。
走ったあと、股下くぐり、
中央で玉入れ。
入ればペアと交代（1回投げ
たら交代としてもよいでしょう）。

ポイント

★ジャンケンや玉入れなど、
逆転現象が起きる動きを取り入れると、
走力の差が出にくく、だれもが楽しめます。
応援も自然に出てきますよ。
★中央の玉入れのカゴの代わりに、
買い物カゴやカサを使うと
なかなかボールが入らない子にも
支援がしやすいです。

バリエーション

自分から仲間と関わる力や、多様な動きも伸ばしながら、飽きずに自然と何回も走れるように！
他にもおもしろい動きを考えてみましょう。

●他にも中央でいろいろな遊びを工夫しよう！

せなか合わせ立ち　　なべなべ底抜け1回転　　しゃがんで引っ張り合い　おしりがついたら負け

3～6人組の展開

- 1チーム3～6人で行います。
- チーム内で走る順番を決めます。
- 1人ずつ1周を走り次の子どもと交代。
バトンは使っても使わなくてもよいです。

バリエーション

＜道具がいらない障害物リレー＞
- 並んでいる子どもたちを通り抜けていくようにします。

電車の下をくぐり通る。

電車並びだと、「走り終えたら後ろに並び次の子どもが走る」と、交代方法が理解しやすいです。

両足の上をジャンプ。

股下をくぐる。

順番が理解できたら、待っている子どもが手をつないで円になっていても、おもしろいです。

手をつないでとおせんぼ！

走る子はすき間を作って通り抜けよう〜

ワープリレー

定番の1周リレーができるようになれば、ワープコースを追加するバリエーションもおもしろいです。

「今からチームにビブスを3枚渡すよ～」
「それを着た人はワープコースを走れま～す！」
「着てない人は遠いコースです」
「何番目に走るかは自由なのでチームのみんなで考えてね」

ポイント
★ワープ者の数はチームの3分の1ほどにする。
★全員がワープの経験をするため、数回戦行う。
★ビブスの代わりに帽子で分けてもよい。

ドン！ジャンケン

よくあるドンジャンケン！ゴールの位置を待機場所から離すことで…

- チームのコーンをタッチしたらゴールなので並んでいる所での勝敗のわかりにくさがなくなります。
- 勝敗が明確になることで勝ち負けを意識して集中力が高まります。

バリエーション

ドンジャンケンでの1チームの人数は多くても5人まで。3人くらいが待ち時間が少なくてよいです。そこで、体育用具等を使い数箇所のコースを作り、ローテーションをして行うと、変化もあり子どもは熱中して楽しめます。

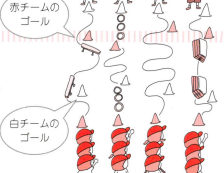

赤チームのゴール
白チームのゴール

10 跳び箱

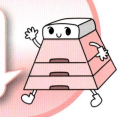

みてネ! 「跳び箱=とぶ」そんなイメージを持たれている方が多いのではないでしょうか？さらに、重くて準備がたいへん、どうやって教えたらいいの？そんな声が現場から聞こえてきそうです。そんな悩みを解消する方法を紹介します。

サーキット

グループごとに、中心に向かって活動するコース（①、②、③）を設置し、同じコースをエンドレスで行います。リレーにして1回ごとの速さを競ったり、得点制にしたりして、ゲーム性を持たせてもおもしろいですね。

ポイント
①、②、③の場の設定を変えることでいろいろなバリエーションを工夫できます。

この設置方法なら、全員が中心を向いてお友達を見てできるため、一体感が生まれます。また、はじめにこのような場の設定にしておけば、後はこのままでさまざまな運動を展開することができます。

①の設定方法

マット縦置きの設定　カエル進み

その他に
ペンギン　ウマ　おいもなど

マット横置きの設定　側転導入

その他に
カエル（54ページの指導手順①と同じ）
マット2枚の間をジャンプ
マット2枚の間をでこぼこおいもなど

その他の設定
前回し跳び1回

1回なら誰でもできて早く進めるよ！

その他に
フープ回し跳び　平均台
ボールワンバウンドキャッチなど

②の設定方法

跳び箱縦置きの設定　3〜5段
ジャンプ〜フープ入り

先生が足りなければフープは下に置く

その他に
飛び降りてフープに入ります。
フープをくぐって出ます。

跳び箱縦置きの設定　3〜5段
またぎ進み

その他に
またいで手で押して前に進みます。

小さな跳び箱
開脚跳び

その他に
54ページの指導手順②と同じ。
年齢に合わせて手順③まで取り入れることもできます。

③の設定方法

スキンシップ系

その他に
握手、タッチ（手、肩、頭など）

道具を使わない運動系
ウマジャンケン

その他に
ゆりかごタッチ（協力系）※P.56参照
ケンケンずもう（競争系）

道具を使った運動系
玉入れ

その他に
フープ回し跳び

①〜③をサーキット形式だけでなく、勝敗をつけて遊んでもおもしろいです。

オオカミゲーム

サーキットで設置した用具をそのまま使えます！

子どもは用具の周りを走ったり模倣運動をします。
先生が「オオカミだ〜」と叫んだら跳び箱やマットに乗ります。
先生は遅い子どもをタッチします。
年長では子どもがオオカミ役をしても楽しいです。

開脚跳び

指導手順① 体重移動の感覚を身につける

開脚跳びは必ずしも跳べる必要はありません。でも、できるようになると、大きな自信になるのも事実です。段階的に基礎感覚を身につけ、無理なく跳べるようになった。そんな子どもが増えるとうれしいです。

1つ先のマットに着手。手をついたまま両足でジャンプをして、手の近くまで足をもっていきます（手の真横につけるととてもよいです）。
足はパーで踏み切ってもよいです。
マットがなくても、さまざまな遊びのバリエーションにこのような動き（たとえば、大きなカエルになってみよう）を少しずつ入れていくことで腕支持や体重移動の感覚が身につきます。

指導手順② 正しい着手の位置を身につける

跳び箱の向こう側に手がかかるように

跳び箱は2段。幅が短いほど跳びやすくなります。踏み切りの足は開いていてもかまいません。

跳び越える時に腕が曲がらないように気をつけましょう！はじめは跳べなくても座ってもかまいません。続くようなら、もう一度指導手順①をしてみましょう。

指導手順③ 押す感覚を身につける

跳び箱は先の指導手順②と同じ2段。着地点の少し前に物を置くと、「そこまでとぼう」と意識が出て自然に押す感覚が高まります。物の代わりにテープを貼り、それを越えられるかをチャレンジしてもいいですよ。

クツにめがけてピョン！

少し変わったものを置くと、おもしろがって何度もくり返しますよ。

指導手順④　助走、踏み切り、開脚跳びの一連の動きを身につける

ここではロイター板は必要ありません（置くことで跳ぶバランスを崩したりします）。まずは助走をしても指導手順②③ができることをねらいとします。

跳び箱は3段

跳び箱の前で足をグーで踏み切って跳びます。

助走はゆっくりで。そんなに距離は必要ありません。

着手位置に気をつけて押します。

補助のポイント

左手で子どもの左腕（脇の下あたり）を持ち、跳ぶ時にお尻を前に送り出し、体重移動のサポートをします。

左手を持ち上げすぎると子どもの着手がはなれるので気をつけます。

逆側で補助する場合は右手になります。先生の補助の場所が近いと足が当たるので注意しましょう。

指導手順⑤　ロイター板を使った開脚跳びを身につける

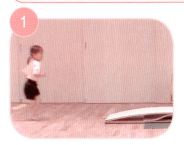

ロイター板を置くと下を向いてしまいがちですが、視線は前方へ。踏み切るまでのリズムを崩さないようにします。

よいしょ！

ロイター板を強く踏む必要はありません。止まらないように、「ポン」のイメージで！

それぞれの子どもに合わせて、送り出す力を加減します。

〈ロイター板で2度踏み切りになる子どもには…〉

ロイター板の手前に画用紙などを置き、踏まない目印をつけます。

手前で両足になる時は先生が一緒に手をつないで走り、ロイター板の先に足をつく動きを伝えます。

子どもだけの時はこの方法なら安全に踏み切りの練習ができます。

台上に片足をのせた状態からロイター板に両足で跳び移り、その勢いのままマットにジャンプで着地。

11 マット

みてね!
マットは「バランス感覚」「回転感覚」「腕支持感覚」「逆さ感覚」などを安全に身につけることができる点に加え、「引っ張ったり」「下にもぐったり」「ひっくり返したり」…といったようにさまざまな使い方を工夫することができます。

色々な動きにチャレンジ

①

「マットを踏まないように走るよ〜」

・マットをランダムに配置します。
・音楽（CD、ピアノ、歌）が流れている間はマットの周りを自由に走ります。

② 音楽が止まったら…

ピタッ!! シーンッ

・年齢に合わせバリエーションを工夫します（立ち方、座り方、隠れ方、ペアで…など）。
・「サメが来たぞ〜」「嵐が来たぞ〜」などの声かけと共に、子どもを追いかけてもおもしろいです。

バリエーション

音楽が鳴っている時の動きを工夫

「音楽が鳴っている時は、いろんなマットでたくさん●●してみよう」

おいもゴロゴロ	ウサギ	ウマ	ペンギン	前転でんぐり返り
				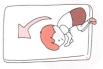
回る、横転がり	跳ぶ、両足で	這う、高這い	バランス、膝で立つ	回る、前回り

ペアでやってみよう

おいもゴロゴロ	ゆりかごタッチ	手つなぎ前転がり

せーの！ タッチ！

ポイント
子どもたちは、並んだり、待ったりはしないで、自由に楽しく多様な動き・感覚を身につけることができます。ペアでの活動を入れれば、コミュニケーション力もUP!!

ゆりかごタッチはマットがなくてもできます。
58ページの前転の導入①の動き（起き上がる感覚）を楽しく身につけることができます。

※マットで行う動きの方向を一定にしたい時は、左のようにコーンを置き、「コーンのある所から始めること」と指示するとよいです。

マット引き競争

2チーム対抗マット引き競争

いきなりルール説明をするよりも…。
① まずは片方のチームのみ陣地に引っ張ります。
② 次にそれを反対のチームが引っ張ります。その動きを経験した後に引っ張り合いのゲームにする。そうすると説明も簡単！すぐに楽しめます。

※ 陣地に入ったのに理解できずに引っ張り続けている子どもがいた場合、先生が声かけをして次のマットに向かわせます。

宝探し

子どもは後ろ向き

まーだだよ…

- 先生がいろいろなものをマットの下に隠して、子どもたちに見つけてもらいます。
- みんなで楽しく活動しながら、「持ち上げる」動作を経験させることができます。
- ルールが理解できたら、子どもたちに隠す役をしてもらいましょう。1人ではなく、複数に隠す役をしてもらってもOK！

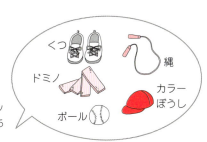

くつ／ドミノ／ボール／縄／カラーぼうし

先生自身が隠れても！！

ひっくり返し競争

チーム戦にしてもおもしろい！！

全部ひっくり返してきて〜

マットの表と裏にそれぞれ異なる色のテープを貼っておくなど、子どもがひっくり返したくなる工夫をしてみましょう。

必殺技！マット台風
（※目にゴミが入らないよう気をつけよう）

台風がくるよ〜！

バサァ！

 # 前転

導入①、②は年少でも取り組むことができます。

導入① 起き上がる感覚を身につけます

足を高く上げて〜

おろしたら前にならえ

背倒立。両手はマットでバランスをとります。

足をおろすのと同時に上半身を起こします。

56ページのゆりかごタッチでも身につきます。

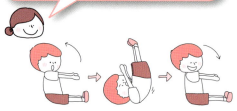

できるようになったら、長座から後ろに倒れ、手はマットにつかずに背倒立になり反動で長座に戻ります。

導入② 手をつき、回転する感覚を身につけます

手と足の開始位置を段差にすることで頭が入りやすくなり、まっすぐ回れます。

回転後、勢いを保つため長座になります。

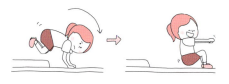

できるようになったら、立ち上がりを長座ではなく膝を曲げてお尻を上げます。

立ち上がりができない子どもには、こんな工夫をしてみよう！

体重移動の感覚をつかむには…

先生が前に座り、回転後に子どもの手を引っ張り起こします。

早く立ち上がる意識をつけるには…

回転後に、コーンの頂点を素早くタッチするようにします。マットを傾斜にしてもよいですよ。

回転力が向上するには…

手と足の間にボールを置く。当たらないように回ります。
※ボールの他、ペットボトル、つみ木などでもOK

58

前転のポイント

1 手と足は近づけてつくよ

2 足をピンとして回って
早く膝を曲げると、回転力が小さくなるので伸ばします。

3 立つ時にギュッと曲げよう
立つ前に膝を曲げ手を前に出し立ちます。

サーキット

3 玉入れ
カゴを壁際につけると入りやすくなります。入らなかったボールを片付けます。

2 ボール転がしキャッチ
反対側に回りキャッチ。

1 ジャンプ（①～③までは同じ1コのボールを使用）
マット間を足でボールをはさんでジャンプ進み。

4 マットトンネル
フープの中にマットを入れます。

5 ハシゴ歩き

6 前転

7 ブリッジ
先生が補助して2人同時に。

ブリッジ

首や腕の筋力がついてくる年長頃からがおすすめ。

1 着手方法
手をパーで耳の横にペタっとつこう
指の向きに注意！耳の横で手のひら全体を床につき、腕が外に倒れないように立てます。その時に両膝も曲げておきます。

2 足もベタっとついて背中を上げるよ
頭をついたままでいいので、背中を上げます。ここで無理をして頭を上げるより、つま先とかかと、手のひらがしっかりついていることが大切です。

3 ブリッジは一気に腕を伸ばせるかも重要ポイント！
補助をする時には頭を上げるために肩甲骨の辺りを持ち上げます。そうすると腕が伸ばしやすくなり（腰だけを持ち上げると体の硬い子どもは危険）、伸びた状態なら1人でも維持しやすくなります。

後 転

> 後転は小学校で取り組まれる技なので、必ずしも幼児期にできるようになる必要はありません。チャレンジするならば、首や手の力がついてくる年長からやってみましょう。

導入①

1 手はブリッジと同じだよ → **2** 足を頭の後ろにピーン！ → **3** マットをしっかり押そう

マットの段差のところに首をつけます。手と頭を段の下にします。　　両足を伸ばしたまま、足を頭の後ろにもっていきます。　　両手をしっかりと押し足を曲げて着地します。

はじめは開始から終わりまで補助することで、動きの全体像をイメージさせます。
特に、①手のつき方②上で足を伸ばす③足裏着地を身につけておくことで、次への展開がスムーズなります。

補助のポイント

足を上げると同時に両手で腰を支えます。頭越し時に「着手方法」ができるように、腰を引き上げて、③の足裏で着地ができるまで補助をします。着手方法は前ページのブリッジと同じ。回転中に腕が外に倒れないようにしっかり顔を挟みましょう。

導入②

傾斜を利用しての後転、開始時は長座します。

1人で回ってみよう！
傾斜のため回りやすくなります。
上記のポイントを正確に行えば1人でもできます。
できない子どもには、どこのポイントが違うのか、もう一度補助をしながら伝えてみよう。
下に入れるマットを2枚にして傾斜角度を調整するのもいいですよ。

マットの下にマットを入れて傾斜を作ります。

導入③

導入②の開始時をしゃがんで行います。

後転

できた！

1枚のマット

ポイント
しゃがんでするとより回転力が高まります。
反面、後頭部を強く打ってしまう
危険性も増します。
着手をしっかりすることと
"おへそを見る"ことをより
意識させましょう。

これで1人で後転ができるようになったかな！？もしもまっすぐに回れない、頭が斜めに抜ける場合は下の方法も効果があるよ。

※頭がまったく抜けない場合は導入①②をくり返し行いましょう。

頭が抜けやすくなる方法

頭の幅をあけてVの字にマットを置きます。おしりは2枚のマットの上、転がった時に頭だけマットの間に入るように調整します。着手点より頭の位置が低くなるため、まっすぐ回りやすくなります。

＜ロイター板で傾斜バージョン＞

ロイター板の角度が大きいと回転の勢いがつき着地がやりにくい場合もあります。

12 鉄棒

みてネ！
逆上がりや前回りなどの技術指導が中心になると、子どもたちは鉄棒は楽しくないものというイメージを抱いてしまうかもしれません。まずは、遊び的なものから基礎感覚を身につけていくことが鉄棒名人への近道です。

🌙 鉄棒の基礎感覚を身につける遊び

ポイント
★バランス感覚
★腕支持の力
（ぶら下がる、支える）
★逆さ感覚　★回転感覚
を養う遊びを
取り入れよう。

マット鉄棒

導入として、鉄棒にマットをかぶせることで、安全に楽しく鉄棒に興味をもたせます。

1 〈山登り〉 さあ登ってみよう

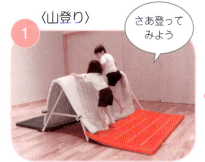

バランスと腕支持の力が身につきます。

2 〈頂上ジャンケン〉 ジャンケンぽ〜ん

年齢に合わせて
・「にらめっこあっぷっぷー」
・「ジャンケン勝ち残り」
などルールを工夫。

バランスと高さの感覚が身につきます。

フープ玉入れ

近くのフープに入った子は、遠くもねらってみよう！

ボールを足で挟んで前のフープに入れます。
・年齢に応じて挟むボールを工夫しましょう。新聞紙ボールは挟みやすく、転がりにくいです！

3人ずつでもできます！

逆さ足上げ

どの色のラインまで足をあげられるかな？

2つの鉄棒があればこんな方法も！

逆さ感覚と腕支持の力が身につきます。

壁にラインがあると目標が明確になり、意欲が高まります。

鉄棒がなくても逆さ感覚を養うことができます。

ブタの丸焼き

膝の裏が鉄棒にかかるまで上げよう。

子どもの背中を支えて足をかける補助をします。

逆さ感覚と腕支持の力が身につきます。

にらめっこしましょあっぷっぷ〜

ジャンケンぽん

コウモリ

鉄棒に足をかけてコウモリ〜

まずは片足だけでOK！

逆さ感覚と腕支持の力が身につきます。

足抜き回り

右手で背中を補助しながら、左手で足を抜くところまで補助します。

足が抜けたら、右手でお腹を支え回転の補助をします。
逆さ感覚、回転感覚、腕支持の力が身につきます。

逆上がり

導入①

・棒の先を縄で結びズレ落ちないように固定します。
・先生1人で補助でき、子どもの恐怖心や落下時の危険が少ない方法です。
・逆上がりの楽しさ（体を巻きつけて起き上がる感覚）を味わうことができます。

① おっぱいの所でもつよ
棒を握り寝ます。

② 足を頭の後ろに上げよう
両足を上げ棒をお腹に巻きつけます。

③ 足がついたら立とう
足をついて立ちます。

⭐ 上記①～③の先生の補助動作を子どもの頭側から見た場合、次のようになります。

① 脇をしめること
棒が子どもの胸につくように下げます。

②
棒がお腹に巻きつき足が頭にきたら上げます。

③
回転時に頭が床に当たらないよう斜めにします。

跳び箱1段ができたら2段に挑戦！補助方法は同じだよ～

補助のポイント

★開始時①は
棒を下げて子どもの胸につけよう。

★棒に巻きつけ、足が頭の上に倒れたら
上げるタイミング！

★足が上がらない子どもは
反対の手で補助をします。

ひとりで
逆上がりに
挑戦

導入②　ひとりでできると自信とやる気UP！

1　おっぱいの所でもつよ

2　さっきより高くなったので腕をしっかり曲げよう

左ページよりも棒と胸が離れ、先生の補助がないため、より自分で引きつける動きが必要です！

ここでできる子どもとできない子どもが出てきます。
そこで……「片足けり上げ」を教えます。

①踏み切り足をロイター板の傾斜部にのせます。

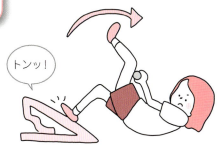

トンッ！

②勢いよくけり上げると同時に踏み切り足を踏み込みます。
　腕を曲げると同時に棒を巻き込みます。

ロイター板でジャンプをして、反対の足を高く上げよう

はじめはいろいろ伝えずに
こんな簡単な言葉で伝えてみましょう

〜 バリエーション 〜

こんな配置もオススメ

先生の人数が多い時は
2人で棒を持つ方が効果的です。

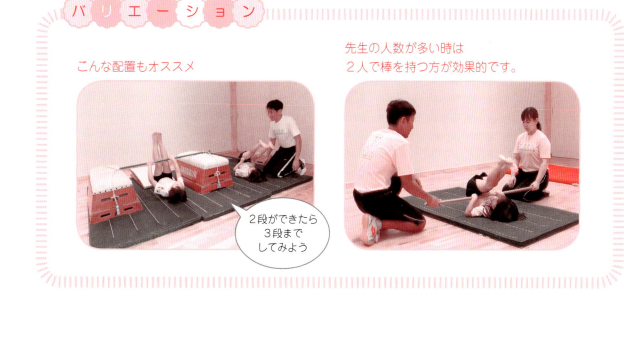

2段ができたら
3段まで
してみよう

導入③ 前ページの跳び箱3段とロイター板を利用します。

3段から行い、できたら1段ずつ減らします。そうすると鉄棒と踏み切り足が離れて、より腕の引きつけ（脇をしめる）や足のけり上げ、タイミングが重要となり、段階的な習得につながります。

〈逆上がり〉

ワキをギュー（しめる）
おっぱいピタッ（鉄棒につける）
足でポンと大きな音をならし、頭の後ろに思いきりサッカーシュート！！

☆これで逆上がり名人になれるかも！？

できなかったら **導入①②③** に戻ってやってみよう。

逆上がりは幼稚園の間にできなくても大丈夫。それよりも、できるレベルを楽しくくり返し、鉄棒遊びを好きになることの方が重要です。できることをくり返すうちに、感覚が身につき、自然と技術も上達していきます。

 こんな方法もあるよ

 **タオルバージョン**

タオルを鉄棒に結びます。可能であれば両端を結んだり、子どもが自分でタオルと鉄棒を握っても良いです。

前回り

前に回ることが怖い、回転スピードが制御できない子どもの補助方法です。

〈前に回ることが怖い。手をはなす子どもには…〉

1. 前で向かい合い安心感を与えます。1人で鉄棒にのれない子どもには、脇を支えて持ち上げます。
2. 脇を支えたまま、回転の補助をします。
3. 鉄棒から落下しないように背中を支えます。

〈回転スピードが制御できない、早く回る子どもには…〉

1. 右手で足先を押さえます。前屈した時に右手は同じ場所のまま動かさないようにします（そうすることでスピードを抑えられます）。
2. しっかり布団状態でぶら下がった形にしてから回します。
3. 鉄棒から落下しないように背中を支えます。

忍者おり

静かにおりられるかな～？

・「忍者」と言えば静かに降りるイメージが持ちやすくなります。
・鉄棒の下に着地点としてマットを置きます。着地位置を少しずつ手前に変化させればより引きつけて降りる意識が高まります。
・ビニールテープでラインをはり得点制にするのもおもしろいです。

13 プール

プールは得意、不得意の差が大きく出やすいものです。特に苦手な子どもに、いきなり顔つけなどの指導をしてしまうと恐怖心しか残りません。最も重要なのは「自然な形で水に慣れさせる」ことです。

リズム体操

「今から水をかけるよ」と言ってはじめると抵抗がありますが、遊びの中で不意にかかる分にはそれほど抵抗がありません。そういう体験ができる遊びを多く取り入れ、まずは"プール大好き"にすることが幼児期には大切なのです。それが泳ぎにもつながるので、焦らずにまずは思いっきり楽しみましょう！

いろんな動きをプールの中で音楽に合わせてしてみよう。楽しくうごくことで心も体も準備万端！

元気に準備体操するよ〜
側屈

肩までつかれるかな
屈曲

できるかな〜？
前屈（頭つけ）
苦手な子どもは少しでも水面に近づけばOK

アライグマだよ
水かけ

かかしで止まれるかな？
片足立ち

みんなで円になってV字バランス〜

最後はみんなで水かけ〜

ポイント

日常の保育で取り組んでいる体操や盆踊りもプールの中ですると一味違ったものになります。ダイナミックにするとおもしろさも倍増です。

自然に水につかることができて、水面に顔が近づきます。後ろに倒れそうになったり、顔に水がかかっても、気持ちもほぐれているので楽しさいっぱい。みんなの歓声が一段と大きくなります。

流れるプール

流れるプールを するよ！ みんな走れ〜

水量が多いと走る抵抗が強くなり、より運動量は増えますが、流されてしまう危険性も高まるので、目をはなさないように気をつけましょう。

ストップ時のポーズ

かかし

流れを感じさせます。

お母さん座り（正座）

他の座り方もしてみよう。

ワニさん、お尻プッカ〜ン

自然に顔が水面に近くなります。怖がる子どもはハイハイでもOK。

バリエーション

ウサギ

ジャンプしながら進みましょう。

カエル

1 蹴のびにチャレンジ〜

ビート板を持って…

2 ざぶ〜ん、流れるプール

いっぱい走って流れができたところで蹴のび。流れにのると楽しいです。

サーキット

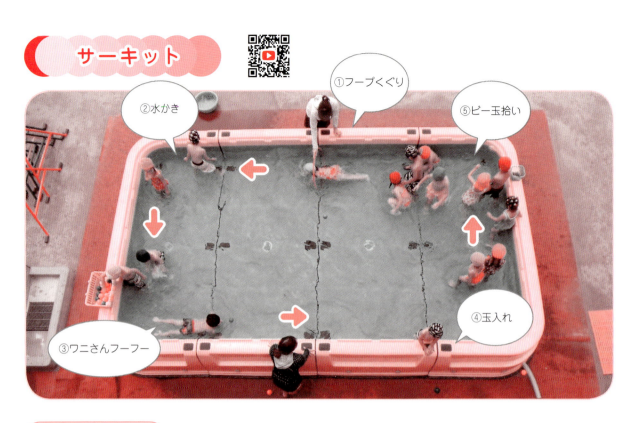

①フープくぐり
②水かき
③ワニさんフーフー
④玉入れ
⑤ビー玉拾い

① フープくぐり

ワニになって
くぐれるかな？
ブクブクにも
挑戦だ〜

イルカみたいに
くぐれるかな？

子どもの能力に合わせて
フープの角度を調整します。
例1）潜れる子どもの場合
　→フープをすべて水中に入れます。
例2）顔がつけられない子どもの場合
　　→水面がアゴの下になる位置にします。

バリエーション

こんなバリエーションも！

急流すべりだよ！

フープを持った子どもを
引っ張ることで、体を伸ば
す「蹴のび」につながりま
す。先生は大変ですけど…
がんばってください！！

 ポイント

個々の能力を伸ばすために、
「口がつけられる子どもには鼻を」
「鼻がつけられる子どもにはおでこを」と
次のステップへ子どもが意識しないで
自然に進めるように調整することが
重要です。

② 水かき

バケツにいっぱい水をためられるかな〜？

タオルを落としたりペットボトルを倒すなどいろいろな方法を考えてみてください。「先生にかける」でも盛り上がりますよ。

手で水をかく感覚と動きが楽しく身につきます。

③ ワニさんフーフー

ボールを1個とって…

ワニさんでフーフー。ボールと一緒に前に進みます

フーフーの口はしゃぼん玉のお口

この方法だと自然に口が水面の近くになります。そしてフーフーすることで呼吸も整います。口を開けすぎると水が入るので、「しゃぼん玉をする時のフーだよ」と伝えるといいですね。これができるとブクブクパーに移行しやすくなります。

④ 玉入れ

カゴに入るかな？

ワニの後には子どもが大好きな玉入れをします。このようにするとサーキットの意欲が高まり何度もくり返しやりたくなります。

⑤ ビー玉拾い

潜って拾えるかな？できなければお口だけつけてがんばってみよう

個々の能力で拾い方を変えます。ここでは、子ども自身が次のステップに挑戦するように声かけをしてみてもいいですね。

71

バタ足キック

いろいろなバリエーションを行い経験を増やします。そうすることで水にも慣れ、どんどん大胆な動きになり水遊びが大好きになります。

「さあ、相手チームの方へたくさんボールがいけば勝ちだよ」

足で水をとらえる感覚を楽しく身につけます。

バリエーション

「次は手でやってみよう〜」

「じゃあ座ってキックできるかな？」

「今度はペットボトルでしてみよう」

「ビート板でもやってみよう」

サッカー

「ボールが壁についたらゴールだよ。シュート！！」

ルール
- ゲームは短時間で区切ります。
- ボールの数も1個ではなく数個使い、それぞれの経験を増やします。

あまりサッカーのルールにこだわらずに、みんながボールを追いかけて動けることがこのゲームの1番のねらいです。

氷 鬼

「先生が鬼だよ〜！タッチされたら凍ってね…」

すべての子どもをタッチするようにしましょう。年齢によっては子どもが鬼になってもいいですよ。

凍った時の姿勢

「おじぞうさま」

「三角座り（体育座り）」

子どもの能力に合わせて凍った時の水面に対する顔の位置を調整します。
他にも
・かかし
・お母さん座り
・ペンギン
・ワニ　など

♪友だちに水をかけてもらうと復活できるよ

復活方法

逃げている子どもにタッチをしてもらえたら、復活できるのが正規のルールですが、それを下記のようにすると水慣れにもつながります。
・カニさん歩きをしたら
・顔つけをしたら（顔を洗ったら）
・ブクブクしたら
・水をかけてもらったら　など

逃げる子どもも周りを見る意識が高まり、ペアの交流もより生まれます。

14 親子遊び

みてネ！
ここで紹介するのは、親子のスキンシップがとれる運動ばかりです。子どもが笑顔になれるのはもちろん、親も楽しみ笑顔になっている姿を子どもに見せてあげられるとより安心感も高まり、さらに親子のつながりが深まっていくのです。

フープ

※映像の親役は学生さんがしていますが、イメージしやすいようにお母さんと呼んでいます。

1 ♪歩こう、歩こう…　音楽に合わせて歩きましょう

親子で手をつなぎ歩きましょう。まだ歩けない子どもはだっこでもいいですよ。

2 こんにちは（握手やタッチ）僕／私は○○です

途中で挨拶をして握手や自己紹介をしてみましょう。

先生はこの間にフープを用意します。

3 音楽が止まったらフープに入ってね

音楽を止めた時や合図でフープの中に入りましょう。

4 次はおウマさんでひっこし〜

「引っ越し〜」で違うフープに動物の真似をして移動しましょう。

他にも
- ゾウ
- ロボット
- おんぶなど

5 次は電車で〜す。みんな上手に運転できるかな？

子どもがフープの中に入り、親が後ろからサポートしましょう。

6 満員電車で〜す。運転気をつけてね〜

親子でフープの中に入り進みましょう。つまずかないように気をつけましょう。

● トンネルくぐり

トンネルをたくさん
くぐろう〜

親がフープを持ち子どもがくぐります。他のフープをくぐりに行ってもOKです。

● 入ってピョン

2人で一緒に…

2人でフープを持ち上げて前に置きます。

「せーの」
ジャンプ

手をつないでジャンプで入りましょう。

● フープぶらさがり

上がりまーす。
回せば
メリーゴーランド

子どもがフープにぶらさがり親が持ち上げます。ゆっくり回るのも楽しいです。

ぶらさがることができない場合は…

引っ張り合い。
にぎってバンザーイ

ゆっくり引っ張ったり上げたりしてバンザイの動作をしましょう。

お父さん頑張ったから、
肩たたきしてあげよう

● フープ回しからジャンプ

お母さんがフープを
回しましょう

親がフープを回します。子どもは見ているだけでも楽しい！

小さくなったら
2人でジャンプ

回転力が弱まり、低くなった時に2人で入りましょう。

他にも2人で
フープ転がしにも
挑戦してみよう。

新聞紙

※破る遊びは「新聞紙遊び」（17ページ）をご参照ください。

●フワフワキャッチ

1　お父さんが新聞を高く投げます。いっせ～の～で！

全員が同時に投げると一体感も出て迫力もあります。

2　キャッチできるかな

落ちてきたら子どもがキャッチ。途中で交代してもいいですよ。

2人でフワフワ下からこんにちは

親子で持ち上下に揺らし、のぞいたりして楽しみます。

●新聞紙わたり

新聞紙を半分に破り…

1　落ちないようにジャンプで進もう

とび移ったら、後ろの紙を前に送りくり返し進みます。

2

ジャンプができない子どもは歩いたり抱っこしたりでもいいですよ。

●年齢によっては親が渡り、子どもが紙を送ってもおもしろいです。

●新聞紙棒　とんでくぐって　怪獣倒し

1　下から棒怪獣が来たよ～ジャンプ～

子どものレベルに合わせて動かすスピードを調整しましょう。

2　次は上から怪獣だ小さくなって～

しゃがむ動きができるように高さを調整しましょう。

1匹の怪獣を倒したら次は2匹の怪獣にチャレンジ！

● 新聞紙棒2匹の怪獣

1　1匹めはジャンプで2匹めは…

2　くぐる　それ〜　連続こうげき〜

上下、上上、下下と高さやスピードを変化させてくり返しましょう。
親が怪獣になりきると子どものテンションもあがり夢中になります。

● 輪にして遊ぶ　　棒にした紙を丸くしてセロハンテープでとめます。

輪っかを何回も投げてみよう

頭にのせて歩いてみよう

手をつないでロープウェイ

自由に何度も上に投げます。自分でキャッチしたり、親子でしてもいいですよ。

頭以外にも背中にのせてウマでもやってみましょう。

手に輪を通してつなぎ、移動させます。

次は両手でロープウェイ

足で渡せるかな

輪投げをしようお父さんの手に入るかな

両手で何度も往復移動をさせてみましょう。

はじめは片足で。両足にもチャレンジ。腹筋にききますよ。

子どもが投げて親の手に通したり、逆パターンもOK！

タオル

> バスタオルを1枚用意するだけでいろんな遊びが楽しめます。

●いないいないバア～

1. タオルを子どもにかぶせて～いないいない…
2. バア～！！

かぶせたタオルを引いた時に顔を近づけたり、ポーズなどをするとおもしろいでしょう。

親がタオルをかぶり子どもが引いてもOKです。

●引っ張り合い

タオルで綱引きをしよう

親が強さの加減をして楽しみましょう。

●一本橋渡り

落ちないように渡れるかな？

タオルの細さをいろいろとアレンジしましょう。

●タオルボール投げ

どこまで飛ぶかな～

端に結び目を作りそこを持って投げます。

●ソリ遊び

♪ソリすべり出発～

まずは子どもは正座でしっかりタオルを持ってしてみましょう。

うつ伏せでソリ～

立ってスキーゆっくりゆっくり

年齢に合わせてスピードや乗り方を調整しましょう。

● 川ジャンプ

すべりやすい場所では、タオルを親が持ち安全に配慮しましょう。

1 さあタオルを踏まないように跳べるかな？

はじめはタオルを折りたたみ、短い幅を跳び越します。

2 さっきよりも長くなったよ。ガンバレ〜

少しずつ幅を広げて跳ぶ距離を調整します。

手をつないでひこうき！ビューン

跳べない場合はアレンジしたり、手をつないでもOKです。

● クレーン車

1 今からクレーン車に変身。タオルを持ち上げよう

子どもを背中側から抱きかかえます。

2 落ちないように取れたかな〜

親は自分の負担にならないような体勢でしましょう。

逆さクレーン車に挑戦

できる場合は安全に配慮し、子どもの足首を持ち逆立ちでもやってみましょう。

● ゆりかご

1 2人の親でタオルを持ち子どもをのせましょう

2組の親子で行います。しっかりタオルを握るようにしましょう。

2 ゆっくり落とさないようにゆらゆら〜

揺らしすぎに注意しましょう。

＼年少児以上におすすめ／
親子参観で楽しむことのできるゲーム

● はやく人間になりたいよ～

ウマ	カンガルー	コアラ	人間（ゴール）
1	2	3	4

背中に乗ってハイハイ。親がジャンケン（ワニでハイハイでもOK）をします。

子どもが親のつま先に乗る。

親が子どもをだっこ。ラクダ（おんぶ）でもOK。

ルール

- まずは1つ1つの動きを楽しみましょう（ここで順番と動きを理解できるようにします）。
- ジャンケンに勝ったら1つずつ進化します。
- ジャンケンに負けたら1つずつ退化します。
- 同じ動物同士でジャンケンをします。
 （ルールを簡単にする場合は退化をなしにして、違う動物でもジャンケンを可能にしてもいいです）
- 人間になったらゴールに集まります。待ち時間をなくしたい場合は、①からくり返して何回人間になれるかを競ってもいいです。

バリエーション

- 2チーム対抗で行う。相手チームとジャンケン。
- 進化の数を増減。
- ジャンケンを手ではなくて口（声）で行ってみるのもいいですね。

●ボール運びゲーム

ルール

2チーム対抗
- イラストのようにラインを引いて2か所にボールを散らします。
- 親子を2チームに分け、相手陣地のボールを、下記の運搬方法で自陣に運んできます。
- ボールの数は親子の組数の1.5倍ほどが適しています。

＜運搬方法＞

手つなぎはさみ	お腹はさみ	子どもの足はさみ

その他運び方をアレンジするとおもしろいです。

●リレー方式

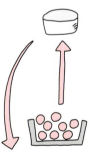

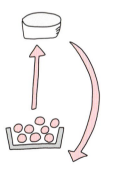

ルール
- スタートの合図で、1チーム2〜3組の先頭がスタートします（全体数で調整をしましょう）。
- ボールを1個取り、上記の運搬方法でカゴまで運びます。
- スタートまで戻ったら、次の親子にタッチして交代。
- エンドレスでくり返し、終了時に運んだボールの数で競います。
- 例えばボールの数を30個と決めておき、早く終わったチームの勝ちという方法でもいいです。

バリエーション

カゴを玉入れのカゴにして、投げ入れた数を競ってもOKです。

15 運動能力測定

みてね！
幼児期の運動能力測定は、「子どもが、自分の運動能力が低いことを自覚して努力するため」に行うのではなく、「周囲の大人が、子どもの運動能力が年齢相応に発達しているかを知って、適切な支援をしたり、環境を整えたりするため」に行います。

なぜ幼児期に測定をするの？

「うちの子どもの運動能力は、同年齢の子どもと同じくらいかな？」、「園で運動遊びの取り組みをしているから、子どもたちの運動能力も高いはずだ！」
…果たして、本当にそうでしょうか？

幼児期の子どもを持つ2267名の保護者に対して、「あなたのお子さんの運動能力は高い方ですか？普通くらいですか？それとも低い方ですか？」と質問した結果と、実際の運動能力テストの結果とを比較した研究があります[1]（右図）。その結果、わが子の運動能力を正しく評価することができていた保護者は30％ほどであり、60％近くの保護者はわが子の運動能力を過大評価していました。なぜ、わが子の運動能力が不足していても、「自分の子どもは運動能力がある」と過大に評価してしまう保護者が多いのでしょうか？

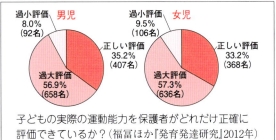

子どもの実際の運動能力を保護者がどれだけ正確に評価できているか？（福冨ほか『発育発達研究』2012年）

その理由として、幼児期の子どもは、運動をしていなくても発育による体格や運動能力の自然な増加があるため、大人は子どもの運動能力が順調に伸びてきていると勘違いしやすいことが挙げられます。また、子どもがよく動いているように見えても、実は、経験している動きは限定的で、一部の運動能力しか発達していないこともあります。子どもの様子を見ているだけでは、その子の運動能力の現状を正しくとらえることは、なかなか難しいのかもしれません。

運動能力が未発達な子どもに気づく

2007年～2009年、文部科学省のワーキンググループが中心となって、日本全国約7500人におよぶ幼児の運動能力が調査され、5段階評価の基準値が作成されました[2]。これは非常に画期的なことでした。これまで、「子どもが年齢相応の運動発達をしているか？」を知るためには、子どもの動いている様子から主観的に判断することしかできませんでした。そのため、先に述べたような「過大評価」が起こりやすく、特に運動能力が低い子どもが見過ごされてしまう可能性もありました。しかし、基準値が作成されたことによって、「例えば、その場で全力でジャンプした距離を測るだけ」で、同年齢の日本人の子どもたちと比べて、どれくらいの運動発達状況かを知ることができるようになったのです。

保護者や保育者が幼児の運動能力の発達度合いを客観的に把握し、特に運動発達が未熟な子どもの存在に気づき、適切な支援をしたり、環境を整えたりすることができれば、日本の「運動嫌い」な子どもは、きっと減っていくことでしょう。ぜひ、ご家庭や保育現場で運動能力測定を活用してみてください。

どんな測定をするの？

幼児期運動指針[3]の中で紹介されている測定は、次の**6項目**です。

25m走

立ち幅跳び

ボール投げ

両足連続跳び越し

体支持持続時間

捕球

　本書では、上記の測定の中でも、測定方法が理解しやすく、容易に実施可能な「**25m走**」、「**立ち幅跳び**」、「**ボール投げ**」**の3項目**について、次のページから紹介します。これらの3つの測定は、誰もが小・中学生の時に経験している「新体力テスト」の中の測定項目とほぼ同様であるため、測定する保育者だけでなく、結果を受け取った保護者もイメージしやすい測定です。3項目以外の測定について測定方法を詳しく知りたい方は、文部科学省の資料[2]をご覧ください。ホームページ上で公開されています。

☆測定前に気をつけること

わかりやすい説明！

　測定の説明は幼児が理解しやすい言葉を選び、身振り手振りを交えて行いましょう。測定者の見本は、子どもが「すごい！（やってみたい！）」、「あんなふうにやればいいんだ！」と感じられるように、必死でやっている様子が伝わるように行いましょう。また、説明後すぐに測定ではなく、練習をはさんで、幼児の理解度を確認しましょう。

正確な測定！

　各測定で、基本的な測定回数は決められていますが、子どもの全力が出ていないと感じた時は再度、測定しましょう。「現時点での子どもの最大努力が引き出されたか」が最も重要です。また、測定者によって、測り方にバラツキがあってはいけません。事前に、測定方法をよく理解した上で、正確に測定するように心がけましょう。

全力を出せる環境！

　子どもが全力を出せるように、測定者は声かけなどの支援を積極的に行いましょう。測定の順番を並んで待っている子どもたちの応援もあると、さらにやる気が引き出されるでしょう。25m走では、例えば保育者がゴールの先で子どもを呼んだり、時には子どもと一緒に並走したりと、子どもの最大努力を引き出す工夫が必要です。

安全への配慮！

　起きうる危険を事前に予測し、適切な配慮をしましょう。例えば、ボール投げで子どもを待たせておく位置は投げたボールが当たらない位置にする、立ち幅跳びの着地に失敗した時を考えてマットの上で測定するなどといったことです。

25m走

※スタートラインを、ボール投げの踏切線としても使う場合、長さは6m（または12m）にしておきます。

測っている能力：走能力
測定者の人数：2～5人
測定時間：20～25分程度（子ども30人）
必要な道具：メジャー、ストップウォッチ

準備

- スタートラインから30m離れた地点にゴールラインを引きます。
- 25mの計測地点に目印をつけ、大人の測定者がわかるようにしておきます（子どもにわかる必要はありません）。
- スタートラインからゴールラインまでの走路を引きます。屋外ではラインマーカーなどで1本ラインを引きます。屋内であればメジャーを床に張り付けてラインとしてもよいです。このラインの両側で2名の子どもを同時に走らせると効率良く測定できます（まっすぐ走れない子がいる場合、1m幅の走路を作ってあげると走る場所が明確になります）。

測定方法

- ゴール地点に担任などが待機し、子どもが「あそこまで走りたい！」と思えるように声掛けをしましょう（頑張って走ってきた子どもを抱きしめて、その頑張りを褒めてあげましょう）。
- スタート地点の測定者は「ヨーイ、ドン！」の合図をして、子どもを30mのゴールラインまで走らせます。
- 測定者は25mの計測地点に立ち、子どもが通過したタイムを計測します。「ヨーイ、ドン！」の合図の前に走り出す子どもや、合図から遅れて走り出す子どももいますが、計測者は子どもが走り出した瞬間からのタイムを計測します。あくまで、25mを全力で走ったタイムを計測するようにします。

測定回数および記録方法

- 測定は基本的に1回です。
- 記録は1/10秒単位でつけます（1/100秒は切り捨てます）。

注意点

- 測定前に、靴ひもがしっかりと結んであるか確認します。
- 途中でスピードを落としたり、つまずいたりした場合は再測定を行います。
- 30mの直線路がとれない場合は、15mの往復路で測定する「往復走」という測定方法もあります[2,3]。

立ち幅跳び

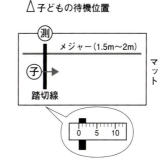

測っている能力：跳躍能力
測定者の人数：1〜2人
測定時間：25〜30分程度（子ども30人、2か所で測定）
必要な道具：メジャー、マット

準備
- マットの上にビニールテープなどで踏切線を引き、それと直角になるようにメジャーを設置します。
- 踏切線の手前にメジャーの0（ゼロ）を合わせます。
- 年長児では、150cm以上跳ぶ子どももいるため、マットの長さが足りない時は2枚つなげます。

測定方法
- 子どもをはだしにさせ、踏切線につま先がかからないように立たせます。
- 腕を振ってできるだけ遠くまでジャンプさせます。
- つま先と着地した時の踏切線に近い方の足のかかとまでの距離を測定します。

測定回数および記録方法
- 測定は基本的に2回行い、良い方を記録します。
- 記録はcm単位でつけます（cm未満は切り捨てます）。

注意点
- 踏み切る時に、二重踏切（ジャンプする直前に少し前に跳んでから跳躍する動作）になる子どももいます。その場合、注意を促して、基本的には再測定します。何度やっても二重踏切になる子どもの場合は、二重踏切したつま先の位置を見ておき、その位置からの距離を測定するようにします。
- 着地では完全に静止させる必要はありません。
- 測定者が腕を大きく振って跳ぶ見本を見せる時に、指導者の背後に子どもがいないかを確認しましょう。

 **ボール投げ**

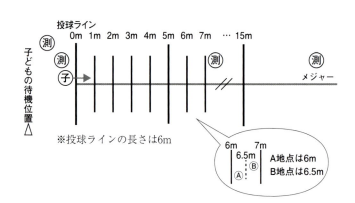

測っている能力：投能力
測定者の人数：4〜8人
測定時間：20〜25分程度（子ども30人）
必要な道具：メジャー、硬式テニスボール
　　　　　　　またはソフトボール1号球

準備

- 投球ラインを6mの長さになるように引きます（2人同時に測定する場合は12mの幅）。
- 投球ラインから1m間隔で15mまでラインを引いておきます（これらのラインは必ずしも引いておかなくても、中央にメジャーを引いておけば計測することが可能）。15mを超えた場合はメジャーで計測します。
- ボールは2個以上あると効率よく測定することができます。
- ボールを渡す係、落下点を見て記録する係、ボールを拾う係、ボールを受け取る係を作ると効率が良いです。

測定方法

- 子どもの利き腕にボールを渡し、助走なしで、上手投げで投げさせて、落下点までの距離を計測します。

測定回数および記録方法

- 測定は基本的に2回行い、良い方を記録します。
- 記録は50cm単位でつけます（50cm未満は切り捨てる）。

注意点

- 「線を出ないように思い切り遠くへ投げること」のみを伝えます。足を開かない子どもや投球腕と同じ側の足を前に出して投げる子どももいますが、それも投能力の1つであるため、強制的に動作を直す必要はありません。
- 下手投げや横手投げをした場合は、上手投げで投げるように促し、再測定します。
- 下に叩きつけるように投げる場合は、上に高く投げる（空に向かって投げる）ように促し、再測定します。
- ボールが投球ラインの6mの幅から外れた場合は再測定します。
- 子どもの待機位置は、投げたボールが当たらないような位置にします。

どのように結果を見るの？

「1、2評価」は「同年齢の子どもよりも運転能力が未発達である」ことを意味します。1、2評価がついた子どもは、運動量や経験している運動の質が十分ではない可能性があります。このような子どもにこそ、周りの大人は注意を向ける必要があります。どんな運動が必要かと、あれこれ難しく考えずに、まずは、外で楽しく体を動かして遊ぶことからはじめましょう。この時期に適切な環境と支援があれば、すべての子どもが「運動が得意、好き」になることができるはずです！

運動能力の評価基準[2]

男子

種目	5段階評価	4歳 0〜5カ月	4歳 6〜11ケ月	5歳 0〜5カ月	5歳 6〜11ケ月	6歳 0〜5カ月	6歳 6〜11ケ月
25m走(秒)	5	〜 6.7	〜 6.2	〜 5.9	〜 5.7	〜 5.4	〜 5.3
	4	6.8〜 7.5	6.3〜 6.8	6.0〜 6.5	5.8〜 6.1	5.5〜 5.9	5.4〜 5.7
	3	7.6〜 8.4	6.9〜 7.6	6.6〜 7.2	6.2〜 6.7	6.0〜 6.4	5.8〜 6.3
	2	8.5〜 9.8	7.7〜 8.7	7.3〜 8.0	6.8〜 7.4	6.5〜 7.1	6.4〜 6.8
	1	9.9〜	8.8〜	8.1〜	7.5〜	7.2〜	6.9〜
立ち幅跳び(cm)	5	104〜	114〜	122〜	131〜	139〜	142〜
	4	86〜 103	99〜 113	105〜 121	115〜 130	123〜 138	126〜 141
	3	65〜 85	81〜 98	87〜 104	98〜 114	105〜 122	107〜 125
	2	45〜 64	59〜 80	66〜 86	77〜 97	84〜 104	85〜 106
	1	〜 44	〜 58	〜 65	〜 76	〜 83	〜 84
テニスボール投げ(m) ※()内はソフトボール投げ	5	7.0〜 (6.0〜)	9.0〜 (7.5〜)	10.0〜 (8.5〜)	11.5〜 (10.0〜)	14.0〜 (12.0〜)	15.0〜 (12.5〜)
	4	5.0〜6.5 (4.5〜5.5)	6.5〜8.5 (5.0〜7.0)	7.5〜9.5 (6.5〜8.0)	8.5〜11.0 (7.5〜9.5)	10.0〜13.5 (8.5〜11.5)	10.5〜14.5 (9.0〜12.0)
	3	3.5〜4.5 (3.0〜4.0)	4.5〜6.0 (3.5〜4.5)	5.0〜7.0 (4.5〜6.0)	6.0〜8.0 (5.0〜7.0)	7.0〜9.5 (5.5〜8.0)	8.0〜10.0 (6.0〜8.5)
	2	2.5〜3.0 (1.5〜2.5)	3.0〜4.0 (2.5〜3.0)	3.5〜4.5 (2.5〜4.0)	4.0〜5.5 (3.0〜4.5)	4.5〜6.5 (3.5〜5.0)	5.5〜7.5 (4.5〜5.5)
	1	0.0〜2.0 (0.0〜1.0)	0.0〜2.5 (0.0〜2.0)	0.0〜3.0 (0.0〜2.0)	0.0〜3.5 (0.0〜2.5)	0.0〜4.0 (0.0〜3.0)	0.0〜5.0 (0.0〜4.0)

※1と2は運動能力が未発達

女子

種目	5段階評価	4歳 0〜5カ月	4歳 6〜11ケ月	5歳 0〜5カ月	5歳 6〜11ケ月	6歳 0〜5カ月	6歳 6〜11ケ月
25m走(秒)	5	〜 7.0	〜 6.4	〜 6.2	〜 5.8	〜 5.6	〜 5.5
	4	7.1〜 7.8	6.5〜 7.1	6.3〜 6.7	5.9〜 6.3	5.7〜 6.0	5.6〜 5.9
	3	7.9〜 8.6	7.2〜 7.9	6.8〜 7.4	6.4〜 6.9	6.1〜 6.6	6.0〜 6.4
	2	8.7〜10.0	8.0〜 9.0	7.5〜 8.3	7.0〜 7.6	6.7〜 7.2	6.5〜 7.0
	1	10.1〜	9.1〜	8.4〜	7.7〜	7.3〜	7.1〜
立ち幅跳び(cm)	5	94〜	104〜	114〜	121〜	127〜	130〜
	4	79〜 93	88〜 103	96〜 113	105〜 120	110〜 126	113〜 129
	3	62〜 78	72〜 87	78〜 95	89〜 104	94〜 109	95〜 112
	2	44〜 61	55〜 71	62〜 77	72〜 88	77〜 93	78〜 94
	1	〜 43	〜 54	〜 61	〜 71	〜 76	〜 77
テニスボール投げ(m) ※()内はソフトボール投げ	5	5.5〜 (4.0〜)	6.0〜 (5.0〜)	6.5〜 (5.5〜)	7.5〜 (6.5〜)	8.5〜 (7.5〜)	9.0〜 (8.0〜)
	4	4.0〜5.0 (3.5)	4.5〜5.5 (4.0〜4.5)	5.0〜6.0 (4.5〜5.0)	5.5〜7.0 (5.0〜6.0)	6.5〜8.0 (5.5〜7.0)	7.0〜8.5 (6.0〜7.5)
	3	3.0〜3.5 (2.5〜3.0)	3.5〜4.0 (3.0〜3.5)	4.0〜4.5 (3.0〜4.0)	4.0〜5.0 (3.5〜4.5)	5.0〜6.0 (4.0〜5.0)	5.5〜6.5 (4.5〜5.5)
	2	2.0〜2.5 (1.5〜2.0)	2.5〜3.0 (2.0〜2.5)	2.5〜3.5 (2.0〜2.5)	3.0〜3.5 (2.5〜3.0)	3.5〜4.5 (3.0〜3.5)	4.0〜5.0 (3.0〜4.0)
	1	0.0〜1.5 (0.0〜1.0)	0.0〜2.0 (0.0〜1.5)	0.0〜2.0 (0.0〜1.5)	0.0〜2.5 (0.0〜2.0)	0.0〜3.0 (0.0〜2.5)	0.0〜3.5 (0.0〜2.5)

【参考文献】

1) 福冨ほか「保護者のわが子に対する主観的体力評価と実際の体力水準の一致度：幼児期を対象として」『発育発達研究』56 2012年 pp.1-8
2) 文部科学省「体力向上の基礎を培うための幼児期における実践活動の在り方に関する調査研究報告書．第3章 調査実施要領と調査結果．1.幼児の運動能力調査（調査2）」2011年
3) 文部科学省『幼児期運動指針ガイドブック』参考資料：幼児の運動能力調査 2012年

運動遊びの動画まとめページ

これまでに紹介した「1．準備運動」〜「14．親子遊び」まで、14のテーマごとに各運動遊びの動画を通してみることができます。

1．準備運動 　　8．鬼遊び

2．レジ袋 　　9．リレー

3．新聞紙 　　10．跳び箱

4．ボール 　　11．マット

5．フープ 　　12．鉄棒

6．バルーン 　　13．プール

7．縄 　　14．親子遊び

第2部

学ぼう！

第1章．幼児期の運動遊びは「何のために」するのか？ ･････ 90

第2章．幼児期の運動遊びは「何を」するのか？ ･････････ 94

第3章．幼児期の運動遊びは「どのように」するのか？ ････ 104

第1章 幼児期の運動遊びは「何のために」するのか？

❶ ……生涯に渡る運動習慣づくり

1．大人も子どもも身体活動不足

写真1は、2016年に撮影された駅の写真です。写真の右側に人が長蛇の列をつくっている様子が分かります。これは、エスカレーターを待つ人の列です。一方、すぐ左側には数十段の階段がありますが、こちらはガラガラ。登れば数秒で行けるはずなのに、階段を選択する人はほとんど見られません。

技術の進歩や社会の発展に伴って、日常生活はとても便利になってきました。エスカレーターをはじめ、エレベーターや動く歩道、レンタサイクルやカーシェアなど、人が歩かなくても色々なところに移動しやすくなりました。さらに、インターネットを利用したサービスの充実によって、家にいながら買い物もできる時代となりました。

このような社会の変化に伴って、日本人の身体活動量は減少しています。図1－1は、歩数を毎年調査している「国民健康・栄養調査[1)]」の結果です。2000年代に入って歩数は減少傾向。不活動が進行していることがわかります。

日本だけでなく、不活動は世界中で問題となっています。世界的に有名な科学雑誌「Lancet（ランセット）[2)]」は2012年に、「身体不活動が原因で、毎年、世界中で530万人が死亡

写真1　駅の構内の様子（2016年3月）

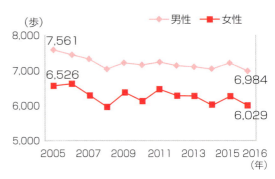

図1－1　歩数の平均値の年次推移（20歳以上）

出典：厚生労働省「平成28年国民健康・栄養調査」（2017年）を基に作成

＊1　身体不活動は、高血圧、喫煙、高血糖に次いで、世界の死亡者数に対する4番目の危険因子とされています。
＊2　国・公・私立学校の小学5年生ほぼ全員を対象とした全数調査であるため、日本の子どもの現状をとらえた信頼性の高いデータです。毎年、12月頃に報告され、インターネットで誰でも閲覧することができます。

しており、その影響の大きさは肥満や喫煙に匹敵する」というデータを公表しました*1。そして、「身体不活動はパンデミックの状態である」つまり、世界的に大流行していると警鐘を鳴らしました。

では、子どもたちはどうでしょうか。スポーツ庁は「全国体力・運動能力、運動習慣等調査*2」の中で、毎年、小学5年生の「1週間の総運動時間」を調査しています。図1-2に示した調査結果[3]によると、小学5年生の中で、1週間の総運動時間が1時間にも満たない子どもが男子で6.5％（約15人に1人）、女子で11.6％（約8人に1人）いると報告されています*3。「子どもは風の子、元気な子」という言葉がありますが、現代の子どもには当てはまらなくなってきているのかもしれません。この「ほとんど運動しない子どもたち」、実は「運動の好き嫌い」と関係があるようなのです。

2．幼児期の運動習慣は将来にも関連する

図1-3は、運動の好き嫌い*4と運動時間の関係について示しています。この結果から、運動が嫌いな子どもほど、運動時間が少ないことがわかります。また、同様の調査で、運動が嫌いな子どもほど、体力も低いこともわかっています。つまり、「運動が嫌いな子どもほど運動を積極的に行うことが少ない。運動時間が少ないため、体力も十分に発達させることができていない」といった様子が想像されます。まずは、運動が「好き！」という思いを子どもたちが抱くこと。これは身体不活動や体力低下を防ぐ上で重要なポイントとなるでしょう。

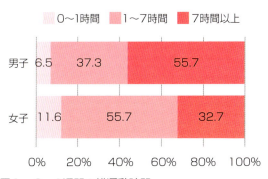

図1-2　1週間の総運動時間

出典：スポーツ庁「平成28年度全国体力・運動能力、運動習慣等調査結果」2016年

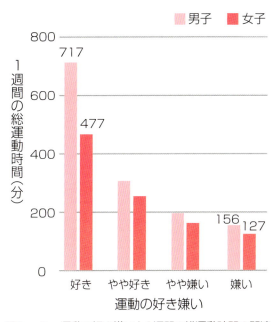

図1-3　運動の好き嫌いと1週間の総運動時間の関連

出典：スポーツ庁「平成28年度全国体力・運動能力、運動習慣等調査結果」2016年

＊3　運動時間には体育や通学の時間は含んでいません。なお、中学生の1週間の総運動時間1時間未満の割合は男子6.7％、女子20.9％となっています。中学生になると、特に女子の運動不足が進行しています。

＊4　運動が「嫌い」または「やや嫌い」な子ども（小学5年生）は、男子6.6％、女子12.3％と報告されています[3]。つまり、日本の子どもの約10人に1人は運動が嫌いであるという現状にあります。

そして、図1-4に示した調査結果[4]が、幼児期における運動の重要性を物語っています。この調査は、小学5年生の時点で運動が嫌いな子どもたちに「何がきっかけで運動やスポーツが嫌いになったか？」を尋ねたものです。その結果、圧倒的に「小学校入学前から体を動かすことが苦手だった」と答える子どもが多く、実に半数以上を占めていました。つまり、幼児期に運動が苦手な状態になると、小学校で運動嫌い、運動習慣がない子どもになる可能性があります。

また、3～18歳の子どもを27年間追いかけた研究[5]によって、3～6歳の時の身体活動量は大人になったときの身体活動量に関連することも報告されています。つまり、幼児期の運動経験は、生涯に渡る運動習慣の形成に重要な役割をもつといえます。

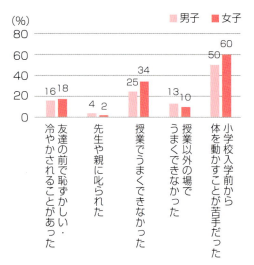

図1-4　運動・スポーツをすることが嫌いになったきっかけ

出典：スポーツ庁「平成26年度全国体力・運動能力、運動習慣等調査結果」2014年

運動好きで運動習慣をもつ大人を育てていくには、児童期はもちろん、幼児期から継続的に運動遊びに取り組んでいく必要があるでしょう。そのためには、幼児期に子どもたち全員が「運動は楽しい！」という思いを感じられることに加えて、「運動が得意！」と感じられるような、成功体験を伴った運動遊びを展開することがポイントになりそうです。

❷……からだとこころ、そして脳を育む

さて、幼児期にからだを動かす意義について、もう少し考えていきましょう。幼児期における運動は、図1-5に示したように、「健康的なからだの育成」、「体力・運動能力の向上」といった「からだ」の発達に関わること、また、「認知的機能の発達」といった「脳」の発達に関わること、そして、「社会適応能力の発達」、「意欲的なこころの発達」といった「こころ」の発達に関わることに効果があると報告されています[6,7]。

重要なことは、幼児期の運動は、「からだ」はもちろん、「こころ」や「脳」の発達にとっても欠かせないものである点です。子どもたちが、今後、変化の激しい社会を生き抜いていくために、十分な運動遊びを通して、たくましい「からだとこころ、そして脳」を育んでいくことが必要です[*5]。

幼児期の運動の効果について、近年、カナダの研究グループが興味深い報告をしています[8]。子どもの外遊び、特に「スリルがあって、わく

＊5　第4次産業革命ともいわれる人工知能の発達によって、今後、社会や生活は大きく変化していくことでしょう。このような時代だからこそ、子どもたちは直面するさまざまな変化を柔軟に受け止め、人間らしい感性を働かせ、主体的に学び、他者と協働して社会や生活をよりよくしていく力を養うことが重要です。子どもたちが生きていく時代を見越して、運動遊びを通して、「からだ」だけでなく、「こころ、脳」も育んでいきたいものです。

わくするような外遊び」を促進するような環境は、リスクを避けるような遊び環境よりも、子どもの外遊び時間を増加させ、子どもの社会的交流、創造性、レジリエンス（困難な状況にも関わらず、しなやかに適応して生き延びる力）を促進するという報告です。もちろん、予測可能な重大な危険は避ける必要がありますが、あまりにも安全な「温室」育ちでは、子どもたちのたくましいからだとこころを育みにくいのかもしれません。こんな話を聞いたことがあります。

観葉植物の根は、土が乾いていると水を求めて遠くへ伸びていこうとするけれど、土が常に湿った状態では遠くへ伸びていく必要がないため、成長をやめてしまうそうです。水をたくさんあげたくなるところですが、「適度なストレス」のある状態の方が生き物の成長にとっては重要だという話です。子どもたちが運動を通して、伸び伸びと成長できるような環境を、子どもを取り巻く大人が整えていきたいですね。

「からだ」

健康的なからだの育成
- 健康的な生活習慣
- 幼児期以降の運動習慣
- 大人になった時の病気のリスク低下
- 肥満や痩身の予防
- 骨の形成

体力・運動能力の向上
- 運動を調整する能力
- 筋力や持久力
- 危険を回避する能力

「脳」

認知的機能の発達
- 脳の運動制御機能
- 知的機能

「こころ」

社会適応能力の発達
- 感情のコントロール
- 協調性
- コミュニケーション能力

意欲的なこころの発達
- やる気
- 我慢強さ
- 集中力
- 有能感（自分はできる）

図1-5　幼児期における運動の効果[*6]

出典：文部科学省(2012)およびWHO(2010)を参考に作成

[*6] 運動の効果を最大限に得るには、単にたくさん運動すればよいのではなく、「運動のやり方」も重要となるでしょう。例えば、協調性やコミュニケーション能力といった社会適応能力を伸ばすには、1人で遊ぶよりも複数の友達と関わり合って遊ぶことが有効ですし、創造性を伸ばすには、指導者の指示する運動を繰り返すだけではなく、子ども自身が工夫して運動する場面をつくることも必要です。

第2章　幼児期の運動遊びは「何を」するのか？

❶ 多様な動きを含んだ遊びをしよう

　幼児期は、「運動機能が急速に発達し、多様な動きを身に付けやすい時期」であるため、「多様な運動刺激を与えて、体内に様々な神経回路を複雑に張り巡らせていくことが大切」であると言われています[9]。そこで、幼少期の子どもの基本的な動きに関して報告されている資料[9,10,11]を参考にして、幼児期に遊びを通して経験させたい動きを、「現場で取り入れやすく」、「遊びのイメージが湧きやすい」ように我々で整理しました。

　大きく4つに分類した動き、「バランスをとる動き」、「移動する動き」、「操作する動き」、「力を出す動き」を、幼児期を通して偏りなく経験できるようにしましょう*7。まずは、運動遊びのバリエーションを考える時に参考にしてみてください。きっと、遊びを広げていくアイデアが浮かんでくるはずです。また、日々の運動遊びの計画や年間計画を立てる際、さらには、現在行っている運動プログラムについて「どれくらいの動きが含まれているか」または「偏りなく動きを取り入れることができているか」などと、振り返る際にも参考になるでしょう。

　幼児期に多様な動きを経験することで、子どもの「運動感覚」がどんどん蓄積されていきます。たくさんの「運動感覚」をもっている子どもは、将来、それらを「組み合わせる」ことで、スポーツに必要な技術も簡単に習得することができると考えられます。例えば、サッカーのドリブルは、「蹴る」という動きと「走る」という動きが組み合わさった技術です。さらに複雑な「ディフェンスに邪魔されながらドリブルをする」といった場面でも、相手をからだで「押す」動きや相手に押されながらも「バランスをとる」動きを組み合わせることで上手くプレーができるでしょう。

　どんなスポーツをさせても上手い、また、何をさせてもすぐに上達するような、いわゆる「運動神経のよい子」というのは、たくさんの「運動感覚」をもっている子どもです。幼児期に多様な動きを経験することは、「動ける身体」をつくり、子どもたちが将来、色々なスポーツを楽しむことにつながっていきます。もし、特定の動きしかできなかったら、将来、楽しむことのできるスポーツは限られてしまうかもしれません。

　幼児期こそ、「バランスをとる動き」、「移動する動き」、「操作する動き」、「力を出す動き」を含んだ遊びを、楽しく取り入れていきましょう。

＊7　幼児期運動指針では「体のバランスをとる動き」、「体を移動する動き」、「用具などを操作する動き」の3分類、小学校学習指導要領では「体のバランスをとる運動遊び」、「体を移動する運動遊び」、「用具を操作する運動遊び」、「力試しの運動遊び」の4分類で整理されています。本書では、小学校への接続を考え、基本的な動作を4分類に整理しました。また、現場で取り入れやすいように動作の種類を厳選し、遊びのイメージが湧きやすいように、該当する動作を含んだ具体的な活動場面を例示してまとめました。

コラム1

幼児には指示は短く！経験を多く！

6〜12歳の日本人小学生を対象とした調査[12]によると、体育授業中（器械運動系、陸上運動系、ボール運動系）の中強度以上の身体活動時間は平均27％であったと報告されています。アメリカ疾病予防センター（CDC）は、体育授業時間の50％以上が中強度以上の運動時間となるように推奨している[13]ことから、日本の体育授業における運動時間は低い水準にあると考えられます。

現在、幼児が運動時間中にどれだけ活動しているかという報告や、どれくらいの運動時間を目指すべきかといった推奨値はありません。しかし、学校体育で50％以上という目標値があるならば、遊びが中心の幼児では「指導時間の70％以上を運動時間とする」ことを目指しても良いと思います。

「指示は短く、経験を多く！」。幼児に対して運動指導する際は、子どもが指示やルール説明を聞く時間、順番待ちや応援だけをする時間をなるべく少なくするような工夫が必要です。

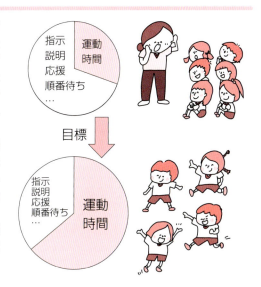

自由遊びに指導の要素を、指導に遊びの要素を！

2010年に、「月あたりの運動指導回数が少ない園の子どもほど運動能力が高い」という研究結果[14]が報告されてから、「幼児期に特別な運動指導は不要。子どもが自由に遊ぶ方が良い」といった声を聞くようになりました。確かに、指導者の一方的な「注入型」の指導は、子どもの運動時間を逆に制限してしまったり、子どもだけで遊び込む力を伸ばすことができなかったりする側面も持っているかもしれません。しかし、2012年に幼児期運動指針が出てから運動指導の方法も変わってきました。運動指導が子どもの遊びのバリエーションを増やしたり、運動発達を促進したりすることもあります。一方、自由遊びの時間だけでは、室内ばかりで遊んでいる子どもの運動発達が心配です。そこで、「自由遊びか運動指導か」の2択ではなく、「自由遊びに指導の要素を、指導に遊びの要素を」バランスよく取り入れていくことが良いのではないでしょうか[15]。

自由遊び	指導要素の多い自由遊び		遊び要素の多い指導		注入型の指導
室内でも、戸外でも、子どもの好きな遊びを見守る。	大人の意図する動きが自然と出るような環境をつくる（園庭への仕掛けや遊具の工夫）。	遊び場所を指定する、遊びのきっかけをつくる（遊び場所を戸外に指定、遊びへの誘い）。	遊び内容を指定するが、遊び方は子どもに任せる（ボールだけ出す、サーキットの場だけつくる）。	基本的に指導者が主導して進めるが、子どもがルールを決めたり、創造したりする場面をつくる。	指導者がすべて内容を決め、指導者の指示通りに子どもを活動させる。

出典：杉原隆・河邉貴子『幼児期における運動発達と運動遊びの指導』ミネルヴァ書房　2014年を一部参考に筆者作成

① バランスをとる動き（バランス系：5種類）

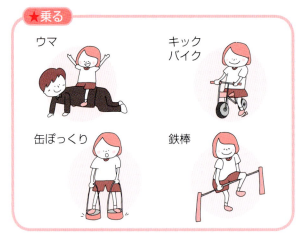

② 移動する動き（移動系：6種類）

＊8 高這いの動作は、体を移動させるため主に移動系の動きといえますが、頭より腰の位置が高くなるため、バランス系の「逆さになる」動きとも考えることができます。また、手で体重を支えることから、力系の「自分の体を支える」動きの要素も含みます。

＊9 ステージによじ登る動きや、塀などをよじ登る動きもあります。

③ 操作する動き（操作系：9種類）

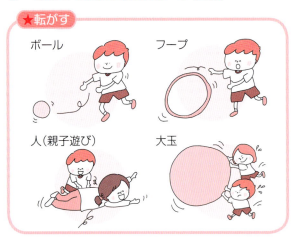

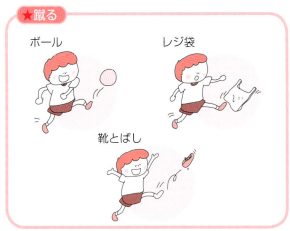

*10　新聞紙、縄、フープなど、ボール以外のモノを使っても、投げる動作を含んだ遊びを展開することができます。
*11　捕る動きは、落ちる速度がゆっくりな物（レジ袋や風船）からはじめると、全員が「できた！」という感覚を味わいやすいです。
　　　できるようになったら、タオル、縄、ボールなど、順に捕りにくい物に変えていくとよいでしょう。

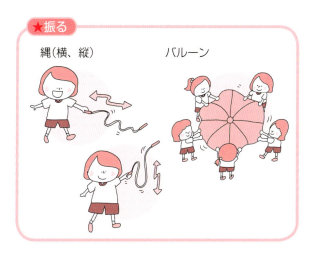

④　力を出す動き（力系：4種類）

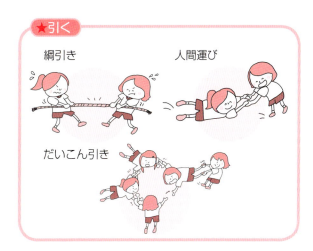

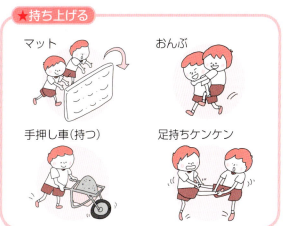

❷……仲間とたくさん外遊びをしよう

1．1日60分以上は世界のスタンダード

　幼児期には「どれくらいの運動量」が必要なのでしょうか。文部科学省は日本の幼児の実態を調査するため、2007年～2009年にかけて、約7,500名の幼児を対象とした全国規模の調査[16]を行いました。図2－1は、外遊びをする時間と運動能力の関係を示しています。運動能力は0.5歳区分で評価され、Aが「年齢の割に運動能力が発達している」、Cが「年齢相応に運動能力が発達している」、Eが「年齢の割に運動能力が発達していない」を意味します。その結果、外遊びの時間が多ければ多いほど、運動能力のDE判定に該当する子どもの割合が少なくなっていました。そして、1時間以上の外遊びを行っていれば、7割以上の子どもが標準以上の運動発達になっていることがわかりました。

　このような調査結果やこれまでの研究成果を基に、幼児期運動指針では「毎日、合計60分以上」という運動量の目標値が示されました[*12]。「60分以上」とされているのは、運動量が多ければ多いほど良いというメッセージが込められているからです。

　国外に目を向けてみると、アメリカ、イギリス、カナダ、オーストラリア、そしてWHO（世界保健機関）の5歳以上の子どもに対するガイドラインでは、すべて「1日最低60分以上の中高強度身体活動[*13]」を行うよう推奨されています。つまり、「幼児は1日60分以上運動しよう」という目標は、世界のスタンダードになっていると言えます。ちなみに、この「1日60分の運動」は、歩数に換算すると、およそ10,000～14,000歩程度とされています[17]。なお、日本の幼児を対象とした研究[18]では13,000歩が推奨されています。

　園や家庭において、幼児の1日の運動量はどれくらいでしょうか。運動遊びの「内容」だけでなく、「量」の視点からも振り返ってみましょう。

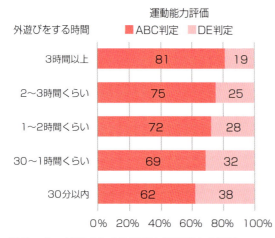

図2－1　外遊びをする時間と運動能力の関係

出典：文部科学省「体力向上の基礎を培うための幼児期における実践活動の在り方に関する調査研究報告書」2011年

＊12　2012年に公表された幼児期運動指針では、「幼児は様々な遊びを中心に、毎日、合計60分以上、楽しく体を動かすことが大切です」と推奨しています。

＊13　中高強度身体活動とは、通常歩行以上の強度の運動を意味します。つまり、日常生活で行うようなゆっくりとした移動や、強度の低い生活活動を除いた、ある程度の強度をもつ運動のことです。

2. 遊び場所や人数は運動能力に関係する

　園には、保育者や指導者が主導して行う「設定された保育の時間」と、子どもたちが自由に遊ぶ「自由遊びの時間」があります。では、この「自由遊びの時間」に、子どもたちがどのように遊んでいるかを、一度、思い出してみてください。

　子どもたちの自由遊びの過ごし方と運動能力との関係を調査した興味深いデータがあります。文部科学省の幼児を対象とした全国調査[16]]によると、図2-2に示したように「室内遊びが非常に多い子ども」の約50％、つまり半数は年齢の割に運動能力が低かったというのです。一方、戸外での遊びが多ければ多い程、標準以上の運動能力を有している子どもの割合は増え、「戸外での遊びが非常に多い」子どもでは、80％が標準以上の運動能力を示しました。「自由遊びの時間に室内で遊んでばかりいる子どもには要注意」と言えそうです。

　また、図2-3に示したように、園で一緒に遊んでいる友達が多いほど、運動能力が未発達な子どもの割合は少ないこともわかっています。「4人以上で遊んでいることが多い子ども」の80％以上が標準以上の運動能力を示したのに対して、「1人で遊んでいることが多い子ども」の実に半数以上は、運動能力が年齢相応に発達していませんでした。

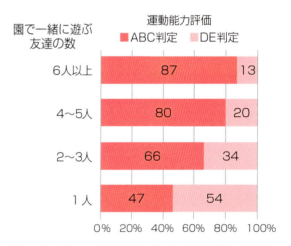

図2-3　園で一緒に遊ぶ友達の数と運動能力の関係

出典：文部科学省「体力向上の基礎を培うための幼児期における実践活動の在り方に関する調査研究報告書」2011年

　園での自由遊びの時間に、「室内で遊んでいる子」、そして「1人で遊んでいる子」は、運動能力が十分に発達していない可能性が高くなります[*14]。自由遊びの時間の子どもの姿を、是非、注意して観察してみてください。

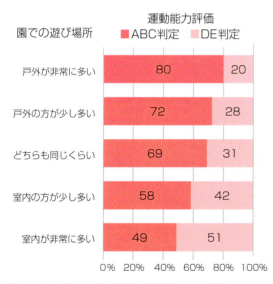

図2-2　園での遊び場所と運動能力の関係

出典：文部科学省「体力向上の基礎を培うための幼児期における実践活動の在り方に関する調査研究報告書」2011年

＊14　1人で遊んでいると、遊びを通して友達とけんかをしたり、コミュニケーションをとったりする機会も少なくなります。運動発達だけでなく、「こころ」の発達のためにも、複数で遊ぶことは重要でしょう。年少は1人遊びが多いですが、特に、年中、年長になっても1人遊びが多い子どもには、友達と群れて遊ぶ楽しさを感じられるような配慮が必要ではないでしょうか。

❸……家庭でも家族と体を動かす遊びをしよう

1. 家庭での遊びが運動の好き嫌いに影響する

ここまで、園での運動遊びについて見てきました。一方、家庭での運動も、活動的で運動好きな子どもを育むために非常に重要となります。

図2-4に示したように、家庭で体を活発に動かす遊びをよくしている幼児ほど、運動能力がDE判定（低い、やや低い）の子どもが少ないという報告[16]があります。家庭で活発に体を動かす遊びを「少ししかしない」子どもでは、運動能力DE判定の割合が44％と多くなっています。家庭での運動が、幼児期の運動発達に強く関係していることがうかがえます。

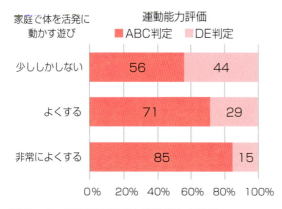

図2-4　家庭での遊びと運動能力の関係
出典：文部科学省「体力向上の基礎を培うための幼児期における実践活動の在り方に関する調査研究報告書」2011年

さらに、図2-5に示した、小学生を対象とした全国調査の結果[4]から、幼児期に家族と体を動かす遊びの量が「少なかった」子どもは、「多かった」子どもよりも、小学生になった時の運動嫌いが多いことがわかります。幼児期に家族とあまり体を動かさなかった子どもが小学校で運動嫌いになるリスクは、家族とよく体を動かしていた子どもの約2〜3倍とも言えます。

運動発達や運動の好き嫌いの形成には、やはり、家庭での取り組みも重要な役割を果たしそうです。

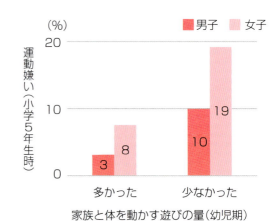

図2-5　小学校入学前の家族との遊びと運動嫌いとの関係
出典：スポーツ庁「平成26年度全国体力・運動能力、運動習慣等調査結果」2014年

2. 降園後や土日の活動量を確保する

家庭において、特に子どもの活動量を意識するべき時間帯は、「降園後」と「土日」です。

3歳から5歳児152名の身体活動量と体力を調査した報告[18]によると、図2-6に示したように、「降園後に6,500歩以上[*15]の活動量がある子ども」と「6,500歩未満の子ども」の体力を比べた結果、6,500歩以上の子どもたちの方が体力は高く、6,500歩未満の子どもたちは平均よりも低い体力（偏差値50以下）を示しました。このことから、園での運動はもちろん、帰宅後の家庭（または地域）での活動量も子どもの運動発達にとって重要であると考えられます。

図2-6　降園後の歩数と体力の関係
出典：中野ほか『発育発達研究』2010年

　また、平日と週末の幼児の活動量を調査した結果[18]から、週末の歩数は平日よりも約3,400歩少ないことが明らかになっています。時間帯ごとに詳しくみてみると、図2-7に示したように、14時までの活動量が平日と週末で決定的に違うことがわかります。つまり、平日は園にいる時間に活発に活動している一方で、週末になると家庭で十分に活動できていない様子がうかがわれます。さらに、週末では、活動量のピークが夕方16時になっており、それ以降の活動量も平日を上回っていることから、生活が夜型化していることも気になるところです*16。

　幼児期の運動遊びは、園だけ、家庭だけでなく、「園と家庭が協力して」取り組んでいくことが重要です。「毎日、60分以上の運動をしよう」という目標も、降園後や土日の家庭での運動時間が確保されていなければ、園の努力だけでは達成することはできません。

　では、家庭では具体的にどんな取り組みができるでしょうか。園で子どもが取り組んでいる運動遊びを聞いて、親子で一緒に遊んでみることも有効でしょう。また、土日に家にこもらず、外出することもいいですね。一緒に買い物に出かけることも、ひとつの運動になります。ただし、買い物中に子どもがショッピングカートに乗っていて、ほとんど動いていない姿を見かけることもあります。私たち大人が、「子どもの運動量は十分か」を意識して生活することが重要です。

　幼児期は、活発に動き回ることで、たくさんの刺激を受けて、からだもこころも脳も発達させていく大切な時期です。「園は家庭任せ」、「家庭は園任せ」にしないで、両者が協力して、心身共にたくましい子どもたちを育んでいきましょう。

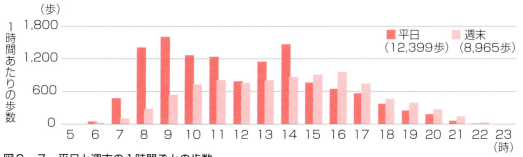

図2-7　平日と週末の1時間ごとの歩数
出典：中野ほか『発育発達研究』2010年を参考に作成

---

*15　園内での歩数が、1日全体の46.6%を占めていたことから、1日の目標歩数13,000歩の約半分に相当する6,500歩を帰宅後の歩数の目標値として、体力の違いを検討した結果です。

*16　この研究では、就寝時間が21時より遅い幼児は、21時前に就寝する幼児よりも歩数が約1,000歩少なかったことも報告されています。遅寝の子どもは起きて活動している時間が長いにも関わらず、1日の歩数は少ないことになります。日中に活動量の少ない子どもは、夜遅くまで活動のエネルギーが残っていて、就寝時間が遅くなっているのかもしれません。

第3章 幼児期の運動遊びは「どのように」するのか？

❶ 目指す子どもの姿を共有しよう

まず、みなさんに聞いてみたいことがあります。

　　保育所保育指針または幼稚園教育要領に示されている健康領域の「ねらい」と「内容」を言うことができますか？

園の先生方がたくさん集まる講習会で上記の質問をしてみたことがあります。しかし、答えることのできた先生は1人もいらっしゃいませんでした。では…

　　「あなたの園の保育・教育目標」は言うことができますか？
　　「自分が担当する学年の目標」はどうですか？

「見たことはあるけれど、なんだったっけなぁ…？」と感じた方も多いのではないでしょうか。もしわからなかった方は、今一度、「園の保育・教育目標」や「各学年の目標」を確認してみてください。毎回の（毎日の）運動遊びで子どもたちにどのような力をつけていけば、卒園する時に「園が目指している子どもの姿（＝園の保育・教育目標）」を達成することができるのでしょうか。すべての教職員で目標を共有し、同じ方向を向いて取り組んでいくことが重要です。

図3－1に示したように、運動遊びを計画する時は、その背後にある「各学年の目標」、「園の保育・教育目標」そして「保育所保育指針や幼稚園教育要領」を意識して「今回の活動で何をねらいとすべきか？」を考える視点が大切です。参考までに、図3－2に幼稚園教育要領に示された健康領域の「ねらい」と「内容」を示します[17]。「運動遊びを通してどんな子どもを育んでいくのか？」みんなで思いを共有していきましょう[18]。

---

[17] 幼稚園教育要領の内容を載せてあります。保育所保育指針と幼保連携型認定こども園教育・保育要領の3歳以上児の領域「健康」の「ねらい」「内容」と共通化されています。
[18] 例えば、ねらいの2つ目「自分の体を十分に動かし、進んで運動しようとする」子どもを育むには、年少では「晴れたら外で遊ぶ姿（外で1人遊びや静的な遊びをしていても構わない）」、年中では「外で友達と関わり合って遊ぶ姿」、年長では「自分たちで誘い合ってルールのある外遊びをする姿」を目指すなど、ねらいを達成するためにどのような子どもの姿を目指すのか、年齢ごとに明確にしてみましょう。

図3-1　毎回の活動の位置づけ

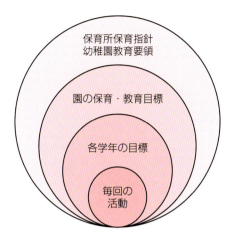

図3-2　領域「健康」のねらいと内容*17　幼稚園教育要領

【ねらい】
(1) 明るく伸び伸びと行動し、充実感を味わう。
(2) 自分の体を十分に動かし、進んで運動しようとする。
(3) 健康、安全な生活に必要な習慣や態度を身に付け、見通しをもって行動する。

【内容】
(1) 先生や友達と触れ合い、安定感をもって行動する。
(2) いろいろな遊びの中で十分に体を動かす。
(3) 進んで戸外で遊ぶ。
(4) 様々な活動に親しみ、楽しんで取り組む。
(5) 先生や友達と食べることを楽しみ、食べ物への興味や関心をもつ。
(6) 健康な生活のリズムを身に付ける。
(7) 身の回りを清潔にし、衣服の着脱、食事、排泄などの生活に必要な活動を自分でする。
(8) 幼稚園における生活の仕方を知り、自分たちで生活の場を整えながら見通しをもって行動する。
(9) 自分の健康に関心をもち、病気の予防などに必要な活動を進んで行う。
(10) 危険な場所、危険な遊び方、災害時などの行動の仕方が分かり、安全に気を付けて行動する。

❷……ポイントを意識して計画・実践をしよう

 まずは計画のポイントです

ポイント① ねらいを明確にする

ねらい*19は、以下の2つの観点から考えるとよいでしょう。

1. 「具体的にどのような子どもの姿が観察されれば、ねらいを達成できたと判断するのか」といった「評価の観点」をねらいに含めること。
2. 「子どもが取り組む運動遊びに特有の楽しさ(その活動をした時に子どもが最もおもしろいと感じること)は何か」を考え、「子ども全員に味わって欲しい遊びの醍醐味」をねらいに含めること。

 たとえば…

● 「投げる運動」をする場合

「目標物を倒そうと思い切り投げることを楽しむ」のようなねらいを設定した場合、活動を通して目指す子どもの姿(評価の観点)が明確になり、次のように計画を考えることができるでしょう。

---

*19 「今回の活動で何をねらいとすべきか?」を考える時には、前ページに記載した通り、その背後にある「各学年の目標」、「園の保育・教育目標」そして「保育所保育指針や幼稚園教育要領」を意識する視点が大切です。

- 子どもたち全員が目標物を倒したい！と感じるような導入はどうするか？
    - 例）コーンを怪獣と見立てます。怪獣が子どもの縄を持っていってしまった設定で、怪獣を倒したら取り戻せることにしてみます。
- 思い切り投げることができるようなルール、場の設定、支援はどうするか？

    - 例）最初に全員が投げて倒すことが楽しいと感じられるように、近い距離からボールで怪獣を倒す簡単な遊びを入れます。ルールを理解してきたら、怪獣の周りに円を描いて、その中には入らないようなルールを加え、遠くから思い切り投げる動きが出てくるようにしてみます。怪獣を何回も復活させて、子どもの投げる回数を確保します。
- 思い切り投げることができていない子がいた時、指導者はどのように支援するか？
    - 例）ボールを投げずに、持ったまま怪獣を倒している子どもがいた時は、「ボールパンチで倒せたから、次はボールビームで倒そうね！」などと、投げる動作につながる声かけをします。円の外から怪獣に当てることができない子どもがいた時は、指導者が「怪獣が近づいた！チャンス！」などと声をかけて、怪獣を子どもの近くに移動させ、倒しやすいようにします。

☆たとえば…

●「しっぽ取り」をする場合

　しっぽ取りの醍醐味は何でしょうか？　例えば、「逃げている相手からしっぽを取ることができた瞬間」だと考えるならば、それをねらいに含めてみましょう。例えば、「しっぽを取られないように周りを見て逃げながら、しっぽを取る楽しさを味わう」のようなねらいです。全員がこのねらいに迫るためにはどうすればよいかを考えれば、例えば、以下のような工夫が出てくるかもしれません。

- 導入で、先生が子どもの人数分のしっぽをつけて逃げることで、全員がしっぽを取った経験ができるようにしてみます。
- しっぽを取られても、先生のところに来たら新しいしっぽをつけて復活できるようにしてみます。
- しっぽを取られてばかりの子どもがいたら、先生が近くで声をかけ、子どもが少しでもしっぽを取ることができるように支援します。

　このように、ねらいに「評価の観点」や「子ども全員に味わって欲しい遊びの醍醐味」が加わることで、「活動内容」、「場の設定」、「支援すべきこと」が自ずと決まってくるだけでなく、実践中の指導者の「声かけ」や「支援」、さらには、実践後の「振り返りの観点」も明確になってきます。

ポイント② 運動が苦手な子どもに配慮する

　第1章の1で、「幼児期に運動が苦手になると、小学校で運動嫌い、運動習慣がない子どもになる可能性がある」ことを述べました。このことから、子どもの運動遊びを指導する時には、特に「運動が苦手な子ども、嫌いな子ども」が楽しみながら力をつけられるように計画する必要があります。

☆たとえば…

● 「氷鬼」の場合

次のような状況になっていることはないでしょうか。

- 走ることが苦手な子どもが、すぐに鬼にタッチされて凍っている。結果的に、走る力をつけて欲しい苦手な子どもが走っている時間は短く、得意な子どもがたくさん走っている。この場合、以下のような工夫が有効かもしれません。
    - 例）・鬼を少なくして、捕まった子どもが助けてもらいやすくします。
        - ・コートの広さを調整します。
        - ・先生がゲームに入って、凍っている子どもを助けます。
        - ・先生が「ここ凍ってるよ！助けてあげて！」などと声をかけます。
        - ・短い時間でゲームを区切って、何回も行います。

☆たとえば…

● 「ドッジボール」の場合

- 通常のルールで行うと、1回も投げることができない子ども、当てられてばかりになる子どもが出てきてしまいます。この場合、以下のような工夫があります。
    - 例）・コートを増やして少人数で行います。
        - ・ボールの数を増やします。
        - ・最初だけ男の子が外野をしてみます。
        - ・当てた子どもは一度コート外に出て、サーキット運動をしてから戻って来るようにします。その間に、投げることが苦手な子どもにも投げるチャンスが増えます。

ポイント③　子どもが夢中になる導入や展開を工夫する

　ねらいで設定したさまざまな運動を上手にできるようになるには、それらの運動を、子どもが夢中になって「思い切り」、「繰り返す」ことが重要です。例えば、「速く走ることができるようになる」ために、幼児に細かな動作のポイントを意識させるとどうなるでしょうか。「腕を振って走るよ！」と声をかけたら、子どもは腕の振りにしか意識が向かなくなります。その結果、腕を極端に大きく振った、バランスの悪い走り方になってしまう可能性があります[20]。このような「ポイントを意識させる指導」は、ある程度の運動経験を積んで、自分の動きを客観的に振り返ることができるようになったり、他人と比較することができるようになったりする年齢になれば効果的でしょう。しかし、運動経験の未熟な子どもにとっては、頭でポイントを理解するよりも、まずは体で動きを体得することの方が重要です。特に動きのポイントを意識させなくても、何度も全力で走るうちに、自然と地面に効率よく力を伝える走り方ができるようになり、動作も洗練されていきます。全力で動作を繰り返すうちに、「自然と効率のよい動作」になるものです。幼児期に細かな動作のポイントにあまりとらわれることなく、子どもたちが夢中になって、思い切り運動に取り組むことができるような指導ができれば、子どもたちは能力を伸ばしていくことができるでしょう。

　子どもたちが夢中になって運動する姿を引き出すために、色々な方法があるかと思いますが、以下の3つ、「バリエーションを加える」、「ゲーム性をもたせる」、「イメージを利用する」といった方法が効果的です[21]。

①バリエーションを加える

　運動に少し変化を加えるだけで、子どもたちは何度も新鮮な気持ちで運動に取り組むことができます。変化のつけ方には、「動きを変える」、「少しだけ難しくする」、「動作を加える」、「時間・空間を変える」、「人数を変える」など、さまざまな方法があります。バリエーションを加えることで、子どもたちは「できた！」感覚をたくさん経験することができます。また、繰り返すことで動作が洗練されていきます。

---

[20] 年少から年中にかけてボール投げの能力が標準以上に発達した幼児と、年中になっても低いままであった幼児の投げる動作や運動習慣を比較した研究[19]の中で、動作指導を行うことで見た目の動作が変容しても、それだけでは全身の動作を協調させた動きができるようにはならない可能性が指摘されています。動作のポイントを伝えることも重要ですが、大切なのは、幼児がその動きを楽しみながらたくさん経験できるような環境をつくることでしょう。

[21] 他にも、先生の真似をさせるといった方法も効果的です。いずれにしても、子どもたちが夢中になって運動に取り組んでいる姿を引き出すことができれば、それが良い方法です。年齢によっても有効な方法は変わってくるでしょう。

〈動きを変える〉*22
→レジ袋を手でキャッチ、足でキャッチ、頭でキャッチ、おなかでキャッチ。
→ボールを上から投げる、横から投げる、下から投げる。
→移動をウサギ(両足ジャンプ)、ケンケン(片脚ジャンプ)、イヌ(ハイハイ)、ウマ(高這い)、ワニ(這う動き)、飛行機(手を横に広げて)。

〈少しだけ難しくする〉
→縄跳びの前回し跳びができたら、グーパーで跳ぶ、グーチョキパーで跳ぶ、2人で一緒に跳ぶようにしてみます。
→鉄棒のブタのまるやきを片手を離してやってみます。

〈動作を加える〉
→レジ袋キャッチの運動で、頭をタッチしてからキャッチ、床をタッチしてからキャッチ、一回転してからキャッチ、ジャンプしながらキャッチ、走りながらキャッチ、歌いながらキャッチなど。

〈時間・空間を変える〉
→1つの運動を「次はもっと速くやってみよう」、「遅くやってみよう」と時間に変化をもたせてみます。
→ボール投げやジャンプなどを「より遠くへ跳んでみよう」、鬼ごっこなどを「より狭いスペースでやってみよう」と空間に変化をもたせてみます。

〈人数を変える〉
→1人でフープをくぐる運動を、2人で、3人で。
→1人で走る運動を、ペアで手をつないで。

②ゲーム性をもたせる
　「競争」や「協力」を取り入れてゲーム性をもたせるバリエーションを取り入れたり、声かけをしたりすることで、子どもたちの意欲を引き出すことができます。「ねらいで設定した動きの要素を取り入れて、ゲーム性をもたせて遊ぶことはできないか」と考えてみるとおもしろい遊びが思いつくかもしれません。

*22　96～99ページの基本的な動作は、遊びのバリエーションを考える時の参考にもなります。

〈競争〉
→「何回できるかな？」、「誰が一番早いかな？」、「どっちが勝てるかな？」などと、回数や時間を「競争」させる活動や声かけ。
→年齢に応じて、勝敗を競うゲーム形式。

〈協力〉
→「2人で協力して運ぶ」、「みんなで協力してマットをひっくり返す」などと、ペアや大人数で「協力」する展開。

③イメージを利用する

　イメージを使うことで、子どもが楽しく、ルールを守って遊びます。先生の指示が変わります。先生自身も楽しく遊ぶことができます。「この運動を子どもたちが夢中になって取り組むには、どのようなイメージを使うことができそうか？」、「このルールを子どもたちが守りたいと思うようなイメージは、何かないか？」と考えてみると、色々なアイデアが浮かんでくると思います。子どもたちからヒントを得ることもたくさんあるでしょう。

☆たとえば…

●「ボールを投げて三角コーンを倒す遊び」をする場合

　普通にコーンを倒させるよりも、三角コーンを子どもたちが「倒したい」と思うようなもの、例えば「鬼」とイメージさせることで、子どもたちはさらに意欲的に取り組むことができるでしょう。「倒したい」という思いが強ければ強いほど、子どもたちの投げるボールの勢いも変わってきて、先生が「思い切り投げよう」などと言わなくても、全力で投げ続けます。遊びの前に、「鬼が○○先生をさらってしまった〜」などと、一芝居することで、子どもたちの「倒したい！」という気持ちをより一層引き出すことができます*23。先生の声かけも、イメージを利用して、「鬼が復活したぞ〜！」、「青鬼も現れたぞ〜！」などと楽しいものにすることができます。先生が楽しんでいれば、子どもたちも楽しくなります。

*23　鬼を倒した後、「鬼さんは、実はみんなと遊びたくて、いたずらしてしまったんだ。みんな、鬼さんと遊んでくれるかな？」などと、今度はコーン（鬼）を使って遊ぶ展開にしてもおもしろいかもしれませんね。運動遊びを通して道徳的な心を養うことも可能です。

*24　例えば、鬼遊びでコートの広さを説明する時も、単に説明するだけではなく、全員で先生の後をついてコートの周りを走る活動を入れてみてもいいですね。コートの広さが理解しやすく、活動量も確保することができます。また、最初から鬼を子どもにやらせるのではなく、簡単な説明の後に、最初は先生が鬼になり、動きながらルールの理解を深める支援をしていくこともよいでしょう。

ポイント④　ルールの多い遊びは簡単な遊びに分ける

　ルールの多い遊びは、簡単な遊びに分けて行い、遊びながらルールを加えていくことで、子どもへの指示が減り、子どもはルールを理解しやすくなります。指示が減るので活動量も確保できます。

☆たとえば…

●「オオカミがきたぞ」をする場合

　次のようにはじめからいくつもルールを説明する様子を見かけることがあります。

　「まずは、マットを踏まないようにお散歩します。先生が、『オオカミがきたぞー！』って言ったら、マットのおうちの上に逃げてね。オオカミじゃなかったら、『あー、よかった』って言って、またお散歩に出かけてね。さあ、オオカミ役やってくれる人？」

　子どもが元気よく「はーい！」と言ったとしても、本当はわかっていない子どももいます。活動をはじめると、ルールを理解していない子どもがいるので、「さっき、先生何て言った？」などと注意をすることが多くなってしまいます。また、ルール説明の時間が長くなると子どもの集中力が続かないだけでなく、だらだらと説明や注意を繰り返すことで活動時間を奪うことにもつながってしまいます。この場合、例えば計画段階で簡単な活動に分けて遊びを考えておくことが重要です。その上で、次の例のように活動しながらルールを加えていくと、説明が短くても子どもたちが理解でき、テンポよく展開することができるでしょう。

（指示の例）
　まずは、「どこでもいいので、マットのおうちに入ってね」と指示して、マットの上に移動する活動をさせます。子どもはこの活動を通して「このマットはおうちなんだ」というルールを1つだけ理解します。そして、「おうちの外に出てお散歩しよう！」と言って、テンポよく活動させます。しばらくしたら、突然「オオカミだ〜！」とオオカミの真似をします。そこで、「おうちに逃げろ〜」ともう一声かけると、子どもたちは一目散におうちに逃げます。これを繰り返し行う中で、子どもたちが遊びのルールを理解してきた段階になったら、初めて先生が実際に子どもを捕まえたり、子どもにオオカミ役をさせたりしていけばよいのです。

　このように、ルールの多い遊びは、簡単な遊びに分けて段階的に展開することで、子どもの理解を助け、集中力を維持させ、活動量を増やすことができます[※24]。「簡単な活動に分けて、やりながらルールを加えていけばよい」というくらいの気持ちで計画してみましょう。

ここまでが計画のポイントです。次はより実践的に解説していきます。

 ここから実践のポイントです

ポイント⑤　ねらいにせまる支援をするために全体が見える位置に立つ

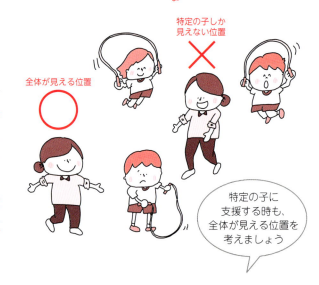

　運動遊びを計画する際には、ねらいが重要であることを前節「運動遊びを計画する時のポイント」の中で述べました。実践中にも、子どもたちがねらいにせまるように支援をすることが重要です。そのために、まず重要なことは、子どもたちをよく観ることです。子どもたちは指導者の指示に対して、どのような表情をしているのか、活動中はどのような動きをしているのか、どのような雰囲気になっているのか。常に子どもの反応や全体の雰囲気を観察できる位置に立つよう心がけましょう*25。

ポイント⑥　成功体験を増やす

　ねらいとする子どもの姿を引き出すような支援を通して、子どもが「できた！」という経験をたくさん味わうことができるようにしましょう。

☆たとえば…

● 「鬼ごっこを通して、鬼から逃げたり、捕まえたりすることを楽しむ」がねらいの活動をする場合

　活動中の子どもの姿を観察していると、鬼に捕まってばかりいて、鬼から逃げる経験が少ない子どもがいたとします。その子どもが「鬼から逃げきった！」という達成感を味わえるようにする方法の1つとして、以下のような方法が挙げられます。

〈先生が一緒にする〉
　先生がタッチされてばかりいる子どもと一緒に手をつないで鬼ごっこをすると、先生が鬼の位置を確認して逃げることができるため、子どもは鬼から逃げきれたという成功体験をすることができるでしょう。

---

*25　人間は観ようとすることしか観えないものです（これを、選択的注意といいます）。運動遊びの指導中に「何を観ようとしているのか？」が重要になります。目には映っていても、観ようとしていなければ、観えてきません。

〈声かけ〉
　「鬼が近くに来たよ！遠くへ逃げて！ナイス！」などと、先生が声をかけてあげることで、子どもは鬼から逃げやすくなることに加え、先生に褒めてもらえたという経験も得ることができます。

〈子どもの姿を全体に広める〉
　氷鬼のゲームが一回終わった後に、一度全体を注目させて、「○○君はこんな風に、鬼を見ながらうまく逃げていたよ！」などと、ねらいに迫っていた子どもの姿を全体に広めることも有効です。逃げ方のポイントを、他の子どもの姿から知ることで、タッチされてばかりいた子どもの姿も変わることが期待されます。

　他にも、鬼が「捕まえた！」という経験を持ちやすいように、「逃げる子はケンケンパで」などというルールを加えることもできます。ポイント⑤で述べたように、全体が見える位置で子どもたちの姿をよく観て、すべての子どもが成功体験をできるような支援をすることが重要です[*26]。

ポイント⑦　積極的になれない子どもにきっかけをつくる

　運動遊びを行っている時に、活動を離れて他の遊びを始める子ども、その場で座り込んで動かなくなってしまう子どもなど、運動遊びに対して積極的になれない子どもがいた時に、先生はどのように支援していけばよいのでしょうか。

〈なぜ活動に惹き込まれていないのかを観察する〉
　「ルールがわからなくて、活動に興味をもてなくなった」、「鬼にタッチされて捕まったことで、やりたくなくなった」、「活動に変化が無く、飽きてしまった」、「友達とけんかをした」、など、本当にさまざまな理由があるかと思います。一人一人の理由によって、先生の支援は変わってきます。例えば、次のような支援が考えられます。

[*26] 一方、同じ成功体験といっても「教えられたとおりやってできた」と「試行錯誤してできた」には大きな違いがあります。いつも効率良く成功する方法をすぐに教えてばかりいると、子どもは考える必要がなく、チャレンジすることもなくなるでしょう。程度はありますが、「失敗」、「うまくいかない」状態は子どもの力を伸ばす大きなチャンスとも言えます。

〈先生と一緒に見本をしてもらう〉
　活動に興味をもっていない子どもに、「先生と一緒に見本をしてもらう」ことは良い方法の１つです。話を聞いてルールを理解することが難しい子どもでも、先生と一緒に見本をすることで理解しやすくなります。また、先生と一緒に特別なことをできたうれしさから、次の活動に積極的になることもあります*27。

〈その子の近くに全体を集める〉
　例えば、活動中に「先生の所に集まりましょう！誰が１番早いかな？」と声をかけて、活動から離れて座り込んでいる子どもの横に先生が行き、そこに全体を集合させます。活動から離れている子どもを呼ぶのではなく、自分たちがその子どもの所に行くのです。このようにゲーム性をもたせた遊びにしてしまうことで、「１番に集まれたね！」とその子どもを認める声掛けをすることもできます。活動から離れている子どもが、全体の活動に関わるきっかけとなります。

　他にもさまざまな関わり方がありますが、大切なことは、「先生がやらせたいことをさせるのではなく、その子どもがやりたくなるようなきっかけをつくること」です。先生の役割は、すべてをすることではなく、あくまで、きっかけをつくることです。子どもが自分からやりたいと思って参加しなければ、手足を持って形だけ参加させても力は伸びないどころか、運動を嫌いになる可能性もあります。先生がさまざまな関わりをしてみて、それでも子どもが活動できない場合は、その時間に無理やり参加させる必要はないと考えます。1回の活動で何とかしようと考えるのではなく、長いスパンで子どもの成長をみていくことが重要です。そして、大切なことは「子どもが少しでも自分からやろうと動いた瞬間」を見逃さないように関わり続けていくこと。それが、積極性への第一歩となるのです*28。

ポイント⑧　子どもを惹きつけるように話す

①声のトーン、強弱、テンポに変化を持たせる*29

　いつも一本調子の話し方ではなく、話し方に変化をもたせましょう。間の取り方も重要です。時には声を出さず、ジェスチャーだけで指示することも効果的です。子どもたちが、グッと集中する瞬間をつくるよう工夫しましょう。

＊27　ただし、全体の前で注目されることが恥ずかしいと感じる子の場合は注意が必要です。
＊28　「関わる＝子どもと一緒にやる」ことだけではありません。見るだけ、近くにいるだけでも、その子どもに関わっていることになります。支援が必要な子どもに関わり続けることで、先生はどのような支援をすべきかヒントを得ることができるでしょう。

②**擬音語、擬態語、擬声語、例えた物（イメージ）を使う**

　「早く移動するよ」と指示するよりも、「ビューン！」と言った方が、子どもは理解しやすいです。また、「新幹線になるよ！」のようなイメージを使った指示も有効でしょう。ボールを持って行かせる時も、「卵だから、落とさないように大事に持って行ってね」と声をかけることで、地面についたり、蹴ったりしなくなります。子どもに伝わりやすい言葉を考えてみましょう。

すべての子どもたちを運動遊び大好きっ子に！

＊29　大きい声を出すことが必ずしも重要ではありません。子どもたちが先生の指示を聞く態勢ができているならば、例え声が小さくても、それは良い話し方といえるでしょう。「子どもを惹き込む話し方」ができていれば、OKなのです。

コラム2

指導計画の作成でありがちな不足をチェックしておこう！

指導計画案の例（しっぽ取りゲーム：エンドレス形式）（遊び方は40ページを参照）

2018年	○月 ○日 ○曜日		実習生氏名	○ ○ ○ ○
実習組名	さくら組	5歳児		在籍者数24名（男児12名 女児12名）
主な活動	しっぽ取りゲーム（エンドレス形式）			
ねらい	グループで協力し合って、しっぽを取り合うことを楽しむ。			
内　容	ルールを守り、グループで声をかけ合いながら、協力して遊ぶ。 しっぽを取ったり、取られないように逃げたりして、体を動かす。			

時刻	環境構成	予想される子どもの活動	保育者の援助・配慮
10：00	準備物：縄、フープ 縄36本、フープ6本 ・事前に園庭に危険な物が落ちていないか確認しておく。 	○帽子をかぶり、縄を持って園庭に出る。 ○保育者の近くに集まり、挨拶をする。 ・がやがやさわいでいる。	・帽子または縄を持参していない場合には、保育室に取りに行くよう、声かけをする。 ・<s>大きな声で挨拶をさせる。</s> 　→ 子どもたちが気持ちよく挨拶できるよう、保育者も元気よく挨拶をする。 ・集中して話が聞けない場合には子どもたちが落ち着くまで待ったり、保育者がそばについたりする。
10：03	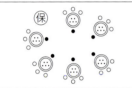 ● しっぽ取りをする子ども ○ 待機する子ども ◎ フープ	○しっぽ取りゲームのルール説明を聞く。 ・4名ずつ、6グループに分かれて座る。 ・先頭の子どもは、保育者と一緒に見本をする。	・<s>ルールを説明する。</s> 　→ ルールを理解しやすいように、子どもと保育者で見本を見せながら説明する。 ・交代の仕方や移動できる範囲を問いかけ、理解できているか確認するとともに、できていない場合には再度説明をする。
10：08	・フープの中に人数分プラス2本ほど縄を入れておく。	○しっぽ取りゲームをはじめる。 ・グループ内でしっぽ取りをする順番を決める。 ・先頭の子どもは、しっぽを取られないように逃げながら、他のグループのしっぽを取る。 ・しっぽを取った、あるいは、取られた場合は、次の子どもと交代する。 ・<s>友達を応援する。</s> 　→ 先頭以外の子どもは、グループの友達に声をかけて応援する。 ・自分のグループのしっぽの数を伝える。	・話し合いで順番が決まらない場合には、じゃんけんなどの方法を伝える。 ・交代の仕方を理解できていない場合には、個別に声かけをする。 ・1人の子どもが交代できずに長い場合には、保育者の合図により全員交代の合図を出す。 ・グループの友達に声をかける姿があれば、全体に広める。 ・時間を区切る場合には、最後まで力を出し切れるように、残り時間を伝える。
10：13		○順番を決め、もう一度しっぽ取りゲームをする。	・気になる危険な動きや行動があれば、みんなに伝え、安全に遊べるよう配慮する。 ・1回目のゲームでしっぽを取れない、うまく逃げられない子どもがいた場合には、保育者がそばで見守りつつ、必要に応じて声かけなどの援助をする。
10：20		○しっぽ取りゲームをやってみて感じたことを話す。	・ゲームの感想を伝え合い、最後まで頑張ったことをともに喜び、満足感が持てるようにする。

参考文献

1) 厚生労働省『平成28年国民健康・栄養調査結果の概要』2017年
2) Kohl HW 3rd et al. *The pandemic of physical inactivity: global action for public health. Lancet.* 2012; 380(9838):294-305.
3) スポーツ庁「平成28年度全国体力・運動能力、運動習慣等調査」2016年
4) スポーツ庁「平成26年度全国体力・運動能力、運動習慣等調査」2014年
5) Telama et al. *Tracking of physical activity from early childhood through youth into adulthood. Med Sci Sports Exerc.* 2014; 46(5):955-962.
6) 文部科学省「幼児期運動指針ガイドブック」2012年
7) WHO. *Global Recommendations on Physical Activity for Health.* 2010. (日本語訳の資料も公開されています)
8) Brussoni et al. *What is the Relationship between Risky Outdoor Play and Health in Children? A Systematic Review. Int J Environ Res Public Health.* 2015; 12(6):6423-6454.
9) 文部科学省「幼児期運動指針ガイドブック」第1章-2　2012年
10) 文部科学省「小学校学習指導要領解説体育編」第3章-1-2　2008年
11) 中村和彦『運動神経がよくなる本「バランス」「移動」「操作」で身体は変わる！』マキノ出版　2011年
12) 田中千晶「小学校における体育授業は活動的な時間となっているか？」『第11回児童教育実践についての研究助成研究成果報告書(要約)』2016年
13) U.S. Department of Health and Human Services. *Strategies to Improve the Quality of Physical Education.* 2010.
14) 杉原隆ほか「幼児の運動能力と運動指導ならびに性格との関係」『体育の科学』60(5) 2010年　pp.341-347
15) 杉原隆・渡邉貴子『幼児期における運動発達と運動遊びの指導』ミネルヴァ書房　2014年
16) 文部科学省「体力向上の基礎を培うための幼児期における実践活動の在り方に関する調査研究報告書」2011年
17) Tudor-Locke C et al. *How many steps/day are enough? For older adults and special populations. Int J Behav Nutr Phys Act.* 2011; 8:80.
18) 中野ほか「生活習慣および体力との関係を考慮した幼児における適切な身体活動量の検討」『発育発達研究』46　2010年　pp.49-58
19) 福冨ほか「年少時から年中時に遠投能力が向上した幼児と停滞した幼児の投動作および運動遊び習慣の比較:年少時に低い遠投能力であった男児を対象として」『スポーツ健康科学研究』35　2013年　pp.41-51

おわりに

　時代の変化とともに、幼少期の運動遊びが注目されるようになってきました。これは、運動を通した子どもの心身の成長を願う関係者にとっては喜ばしいことである一方、注目されなければならない環境を我々大人がつくってきたと考えると、あまりうれしい気持ちにはなれません。

　幼児や小学生の運動遊びのネタは、書籍やインターネットによって手軽に知ることができるようになりました。しかし、実際に子どもたちを目の前にして遊びを展開しようとしても、意外とうまくいきません。「何をするか」も重要ですが、それを「どのようにやるか」も非常に重要な要素だからです。

　そんなある時、幼稚園の実習訪問に行った際に、偶然、子どもたちが夢中になって運動遊びをしている姿を見かけました。子どもたち全員が心から楽しそうに笑顔で活動している姿、さまざまな運動に次々と取り組んでいる姿に、思わず時間を忘れて見入ってしまいました。「この運動遊びのヒミツをもっと知りたい！」、「他の多くの幼児にも届けたい！」そう思ったことが、本書をつくるきっかけとなりました。この時指導されていたのが、本書の著者でもある八藤先生でした。

　その後、八藤先生と交流させていただく中で、「遊び内容」、「展開方法」に加えて、「どのような思いをもって指導するか」も重要であることがわかりました。これらを映像と文章で形にすることができたのは、多くの方々のご協力があったからです。運動遊びの様子を撮影することを快諾してくださり、多大なるご協力いただきました向島幼稚園の森美樹園長先生をはじめ、園の先生方には本当に感謝申し上げます。向島幼稚園で体育の先生としてご活躍されている中谷美久先生にも、撮影、指導等でご協力いただきました。また、子どもたちや保護者の方々にも感謝申し上げます。イラストを担当してくださった濵田誌穂里先生は現役の保育士であり、学生時代に香村ゼミ1期生として運動遊びを学んだ学生でもあります。多忙な中、本当に素敵なイラストを描き上げてくださりありがとうございました。最後に、出版の機会を与えてくださった株式会社みらいの荻原太志様、米山拓矢様に感謝申し上げます。

　これからの新しい時代を支える子どもたちが、心身共にたくましく、そして強く育ってくれることを願って、本書がその一助になれば幸いです。

2018年2月

香村　恵介

著者紹介

香村 恵介
こう むら けい すけ

名城大学農学部体育科学研究室 准教授

同志社大学スポーツ健康科学研究科博士後期課程修了。博士（スポーツ健康科学）。幼少期の子どもたちが心身共に健康で運動好きになることを目指して、子どもの体力・運動能力や身体活動量に関連した研究に取り組んでいます。詳しくは右のQRコードを参照。
(https://k-komura.jimdo.com/)

八藤 直樹
はっ とう なお き

学校法人京都城南学園向島幼稚園 体育指導主任

大阪社会体育専門学校卒業後、1990年4月より京都城南学園体育指導教員として勤務。「運動には常に遊び心を」「自分が楽しくなければ子どもに伝わらない」日々このような思いで子どもたちと関わり、心と体が動き笑顔が溢れる運動遊びを実践しています。この本をもとに、元気に生き生きと運動をしている子どもたちの姿が増えることを願っています。

内藤 譲
ない とう ゆずる

岐阜聖徳学園大学短期大学部 教授

愛知工業大学大学院経営情報科学研究科博士課程修了。博士（経営情報科学）。岐阜県スポーツ科学センタースポーツ科学専門員を経て、現職。専門はスポーツ科学や発育発達学。ジュニアから一流アスリートまで、幅広いサポート経験を通して、幼少期の運動遊びがいかに重要であるかを学びました。みなさんと一緒に活発に遊ぶ子どもたちをたくさん育てたいですね。

田中 真紀
た なか ま き

京都橘大学 教授

京都教育大学大学院教育学研究科保健体育専修修了（教育学修士）。小学校、中学校、高等学校での体育教員を経て、現職。専門は発育発達学や体育科教育。保育所・幼稚園の保育者および教員を目指す学生とともに、心身共にたくましい子どもたちを育むためにできることを考えています。

イラスト・はまだしほり

にこにこ笑顔で楽しみながら運動の力も伸びてゆく！
子どもの運動遊びバイブル

2018年3月20日　初版第1刷発行
2024年3月1日　初版第4刷発行

著　者　香村恵介
　　　　八藤直樹
　　　　内藤　譲
　　　　田中真紀
発行者　竹鼻均之
発行所　株式会社みらい
　　　　〒500-8137　岐阜市東興町40　第5澤田ビル
　　　　TEL 058-247-1227代　FAX 058-247-1218
　　　　https://www.mirai-inc.jp/
印刷・製本　ヨツハシ株式会社

ISBN 978-4-86015-442-4　C3037
Printed in Japan　　　乱丁本・落丁本はお取り替え致します。
JASRAC 出 1801221-801